PUBLICATIONS OF THE DEPARTMENT OF
ROMANCE LANGUAGES
UNIVERSITY OF NORTH CAROLINA

*General Editor*: ALDO SCAGLIONE

*Editorial Board*: JUAN BAUTISTA AVALLE-ARCE, PABLO GIL CASADO, FRED M. CLARK, GEORGE BERNARD DANIEL, JANET W. DÍAZ, ALVA V. EBERSOLE, AUGUSTIN MAISSEN, EDWARD D. MONTGOMERY, FREDERICK W. VOGLER

NORTH CAROLINA STUDIES IN THE
ROMANCE LANGUAGES AND LITERATURES

ESSAYS; TEXTS, TEXTUAL STUDIES AND TRANSLATIONS; SYMPOSIA

*Founder*: URBAN TIGNER HOLMES

*Editor*: JUAN BAUTISTA AVALLE-ARCE
*Associate Editor*: FREDERICK W. VOGLER

Other publications of the Department: *Estudios de Hispanófila, Hispanófila, Romance Notes, Studia Raeto-Romanica*

*Distributed by:*

INTERNATIONAL SCHOLARLY BOOK SERVICE, INC.
P. O. BOX 4347
Portland, Oregon   97208
U. S. A.

NORTH CAROLINA STUDIES IN THE
ROMANCE LANGUAGES AND LITERATURES
Number 144

THE HISPANO-PORTUGUESE *CANCIONEIRO*
OF
THE HISPANIC SOCIETY OF AMERICA

# THE HISPANO-PORTUGUESE *CANCIONEIRO* OF THE HISPANIC SOCIETY OF AMERICA

EDITION AND NOTES

BY

ARTHUR LEE-FRANCIS ASKINS

CHAPEL HILL

NORTH CAROLINA STUDIES IN THE
ROMANCE LANGUAGES AND LITERATURES
U.N.C. DEPARTMENT OF ROMANCE LANGUAGES
1974

Library of Congress Cataloging in Publication Data

Main entry under title:

The Hispano-Portuguese cancioneiro of the Hispanic Society of America.

(North Carolina Studies in the Romance Languages and Literatures, no. 144)

A transcription of the previously unpublished 17th-cent. ms. now in the possession of the Hispanic Society of America, formerly known as the Cancioneiro hispano-português da Academia das Ciências, Lisboa.

Spanish or Portuguese.

Bibliography: p. 230.

1. Spanish poetry—Classical period, 1500-1700. 2. Portuguese poetry—Classical period, 1500-1700.

ISBN: 978-0-8078-9144-5

DEPÓSITO LEGAL: V. 3.956 - 1974

ARTES GRÁFICAS SOLER, S. A. - JÁVEA, 28 - VALENCIA (8) - 1974

## CONTENTS

|  | Page |
|---|---|
| INTRODUCTION | 9 |
| TEXT | 33 |
| ABBREVIATIONS | 155 |
| BIBLIOGRAPHICAL NOTES AND COMMENTARY | 156 |
| BIBLIOGRAPHY | 230 |
| INDEX OF FIRST LINES | 244 |
| INDEX OF AUTHORS | 247 |

# INTRODUCTION

## The Manuscript

The early 17th-century manuscript "cancioneiro" which we publish is the property of the Hispanic Society of America, held by its Hispanic Library in the museum complex of Audubon Park, New York City, and identified therein by the classification number B 2558. Known previously to scholars as the "Cancioneiro hispano-português da Academia das Ciências, Lisboa," and more recently as the "Hispano-portuguese *cancionero* of the Hispanic Society," the codex is a part of what was once a more extensive manuscript. It is bound with and preceded by a Spanish novel of chivalry by Joaquín Romero de Cepeda printed in Lisbon in 1586, *La Historia de Rosián de Castilla*. Thereby hangs a tale of discovery, of mutilation, and of alteration of the manuscript in the modern period which we shall follow in detail in the second section of this commentary.

In its present state, the MS consists of 60 folios, numbered seriatim in pencil, which measure 26.3 cm. by 19.2 cm. The binding is in the brown half-leather style with gilt ornaments popular in late 19th-century Portugal, and is the work of the shop of the Lisbon bookdealer/binder Augusto Ferin, whose small commercial announcement appears on the inside front cover. The present folios 1 and 2 were arbitrarily placed and numbered as such when the volume was rebound by Ferin. The upper right corners of these folios, where the original foliation appeared, were torn off at some point and have been repaired with new materials.[1] Their location in the original disposi-

---

[1] Apparently by Ferin. A number of folios of the *Rosián* were also repaired in the same manner.

tion of the *cancioneiro* is, as we shall see, problematical, yet they are clearly the remains of a complete gathering, salvaged at an unknown date previous to 1825, when the MS was first bound with the *Rosián*. The folios numbered 3 to 60 also bear their original foliation, 26-83, in ink and still legible in the upper right corner of each folio. At least 23 folios of the MS (more plausibly 25) are therefore lacking at the beginning of the collection, and external evidence indicates that additional material is missing at the end.

The paper used for the MS is undoubtedly French in origin and of three types, reflecting different moments of collecting on the part of the owner/scribe before being brought together to form one codex foliated as such. Folios 3 to 32 are an identifiable unit of 4 gatherings (8-8-8-6 folios), containing only the five "fabulas" of the Licenciado Cristóbal de Tamariz. In addition to the normal foliation, these gatherings show special group markings, 1 through 4 respectively, in the upper left corner of the first folio of each gathering (3r., 11r., 19r., and 27r.). Each folio also shows horizontal rules made as a starting guide for the first line of the texts. The watermark is two small circles in vertical arrangement within a larger circle which is topped by a flower of three petals on stem. Located beneath the major circle, and connected to it by a vertical line, is a small inverted heart. Folios 33 to 60 also divide into four gatherings, of 8-6-6-8 folios respectively, and contain a miscellany of poetry. They show no special numberings in the upper left corner, nor do the ruled marginal guides typical of folios 3 to 32 appear. The paper used for these folios bears a watermark with the initials "P-V" beneath a flower-topped circle, which in its specific configuration is only a minor variation of the mark listed by Briquet as number 14.071, documented in Bayonne in 1597. The two-folio remains of an unknown number of gatherings, presently numbered folios 1 and 2, show a watermark which varies only slightly from that listed by Briquet as number 14.051, a mark documented at Bayonne in 1597, and at Paris and Bordeaux in 1600. The same mark is recorder by Alexandre Nicolai as still in use in Bordeaux, 1604. The exportation to Portugal and Spain of papers made in the southwest of France in the late 16th century, while known to have been frequent and extensive, has not been fully explored, as far as we are aware. The specific periods of this trade, the quantities of paper, its type and specific markings would be of obvious aid in dating Portuguese manuscripts of the period. It is interesting in this light that the watermarks in the Évora MS. CXIV/2-2 (ca. 1605-1610), which we have edited under the title *O Cancioneiro de Corte e de Magnates*, are only minor variant forms of those found in folios 33 to 60 of the present MS.

The scripts of two scribes, in now brownish ink, appear in the extant pages of the MS. Both Portuguese and Spanish texts are copied in each hand with no preference, yet the occasional use of Portuguese conventions in the orthography of the Spanish poems shows clearly that both scribes were Portuguese, albeit familiar with Spanish and with Spanish orthographic usage of the period. The majority of the poems of the collection, 55 of the 66 texts, are copied in an attractive and clear, somewhat slanting printed hand typical of the first quarter of the 17th century in Portugal. Only 11 texts are copied in the second script, also a printed hand, which is contemporary with the first, but more vertical and rigid in appearance. The distribution of the texts copied in this hand indicates also the secondary nature of its scribe's participation in the formation of the collection. The especially prepared group of "fabulas" of the Licenciado Tamariz (fols. 3-32) was done entirely by the first scribe. Folios 33 r. to 34 r., contain 4 texts (nos. 14-17) copied by the second scribe. The remaining folios, 34 v.-60 v., contain texts copied by the first scribe, with two minor exceptions. The second scribe has added 3 texts in small spaces left blank by the first scribe: on folio 40 v., the two unglossed *motes* (nos. 33-34), and on folio 59 v., the octave on the death of Prince Don Carlos de Austria (no. 62). The first two folios, which we consider to be fragments of the part of the manuscript which followed fol. 60, contain texts copied by both scribes: the first folio with 4 sonnets copied by the first scribe, and the second folio with four by the second. Beyond an occasional flourish in the initial letter of the titles, no especial attention is given by either scribe to ornamentation. Care was taken, however, with the general appearance of each page in regard to the margins, especially those along the sides.

*Provenience and Modern History of the Manuscript*

For Teófilo Braga the year 1876 marked a milestone of sorts between two extended periods of intensive critical activity and publication. In the previous seven years he had seen through the press some 32 major works of literary investigation and interpretation, products of his insatiable curiosity, voluminous reading, and study of the development of all aspects of Portuguese literature. The year 1876 brought, in contrast, the publication of only one minor effort in the field, the *Antologia Portugueza,* in reality a *divertissement* that offered samples of Portuguese poetry from all the major periods of its history drawn from numerous and disparate sources. In the final pages of this *Antologia,* Braga included five sonnets (pp. 212-214) taken from a manuscript that had come to his attention shortly after 1872, when he established himself in Lisbon and began seriously to take advantage of the richness of the city's libraries. This codex, the object of our present study, was summarily described only by its classification number in the Academy's library, 3.E.1-4, and the texts printed from it (our nos. 2, 3, 4, 5, and 23) were given as anonymous, with the exception of no. 2, for which Braga repeated the ascription to Frei Paulo da Cruz given in the MS itself. The interest of the MS and its texts was, however, secondary to the immediate purposes of the *Antologia,* and a more detailed consideration was therefore reserved for a later occasion.

The festivities connected with the third centenary of Camões' death offered Braga the opportunity he sought to focus attention more effectively on the MS, and to present 43 of its texts as previously unknown works of the poet. For these centenary celebrations, the Oporto journalist and literary aficionado Ferreira de Brito proposed an edition of Camões' lyrical works, and sought Braga's cooperation as editor and organizer of the proposed collection. The three-volume work, entitled *Parnaso de Luiz de Camões,* appeared in Oporto early in 1880. The introduction prepared by Braga contained a general review of the history of the printed transmission of the texts of Camões, commented on the nature and loss of the autographic *Parnaso* of his works, and included extensive comments on the Camonian texts contained in the well-known, but unpublished "Cancioneiro de Luiz Franco Corrêa." The final section of these comments was devoted to a discussion of the MS of the Academy (pp. xxx-xxxi):

> Depois d'estes ineditos reservamos para o ultimo logar um manuscripto de que falla Faria e Sousa como encontrado em Escalona, no qual vinham poesias de Camões; trazia a seguinte declaração final: —'*Acabou-se de trasladar a 29 de Julho de 1598 em Evora, por Francisco Alvares, de alcunha o Socio, por uma Copia de Manoel Godinho, que diz a tirou*

INTRODUCTION 13

*do proprio original, anno 1562. Se aqui houver erros eu o trasladei assim como estava, porque o Godinho não sabia latim. —Tinha por titulo Fabula de Narciso.*' Parece-nos ter encontrado parte d'este Manuscripto na Academia das Sciencias de Lisboa, in fl. de papel almaço branco servindo de guardas a uma novella impressa em Lisboa, em 1586, em casa de Marcos Borges com o titulo *La Historia de Rosian de Castilla, que trata de las grandes aventuras que en diversas partes do mundo le aconteciera* [sic]. É precedido de duas folhas manuscriptas com versos do seculo XVI, taes como o Soneto do Fradinho da Rainha; no fim da Novella impressa, acha-se o signal de terem sido arrancadas 25 folhas, começando na folha 26. N'este appenso manuscripto achamse muitos Sonetos como este a fol. 83, v: *Que doudo pensamento é o que sigo*, com variantes, outro de Camões glosado em Canção: *En una selva al parecer del dia* a fl. 70, v. O que acaba de confirmar que este manuscripto é a copia de Francisco Alvares do fim do seculo XVI é a referencia á morte de Philippe II (fl. 58 v.) a sobretudo a *Fabula de Narciso* (fl. 72 v. a 78) que Manuel Severim de Faria diz ter sido escripta por Camões, e que até hoje estava perdida: 'Outras traducções fez tambem em verso, como foi a *Elegia da Paixão* de Sanazarro, o Psalmo *Super flumina Babylonis*, a *Fabula de Biblis*, e a de Narciso, e outras.' Segundo Faria e Sousa, achava-se esta ultima fabula no Manuscripto de Manuel Godinho. N'este mesmo codice lê-se uma bella outava camoniana ao nome de *Caterina*: as redondilhas e Cartas em verso de arte maior, são o que ha de mais bello na poesia do seculo XVI, e só Camões as poderia ter escripto. N'esta persuasão aproveitámos numerosas composições ineditas para a edição presente. A fl. 68 do referido manuscripto encontramse umas outavas em castelhano glosando o verso: *Verdugo es de mi alma la memoria*; ora em Fernão Alvares d'Oriente (*Lusit. transf.*, p. 31, ed. 1781) encontra-se o verso: *Não fôra meu verdugo meu desejo*, (p. 31) e como este poeta imitou Camões a ponto de ser tido como um dos seus plagiarios, é esta aproximação um argumento a favor do caracter dos ineditos de que aproveitamos.

This first description of the MS and commentary on it was followed immediately by additional information from Braga, done as an explicative note to a text from the MS which he had furnished to J. Leite de Vasconcellos for inclusion in his *Cancioneiro Portuguez*, also published in Oporto later in the same year. The poem, the "acróstico de Caterina" (our no. 61), was accompanied by the following (pp. 154-155):

> Esta poesia acha-se a fl. 82 v de um manuscripto do sec. XVI, que se ajunctou á encadernação da novella de cavalleiro *La Historia de Rossian de Castilla,* de Lisboa, de 1859 [sic], pertenecente á Academia das Sciencias de Lisboa. O manuscripto tem numerosas poesias ineditas, e é realmente, tanto pela letra como pelo espirito, do seculo XVI. Poder-se-ha attribuir a Camões? Entendemos que sim; porque tem sonetos que já andam impressos em nome de Camões (fl. 83 v: Que doudo pensamento este é que sigo) e outros glosados, e a *Fabula de Narciso* (fl. 72 v. a 78) que Manoel Severim de Faria diz ter sido escripto por Camões, e Manoel de Faria e Souza diz achar-se no manuscripto de Manoel Godinho, copiado dos originaes do poeta, e trasladado depois por Francisco Socio. A existencia da *Fabula de Narciso,* que andava perdida, e se acha neste manuscripto, convence-nos que será o citado por Faria e Souza, e portanto com ineditos de Camões. O anagrama que deixamos transcripto é de um sentimento e graça camoniana inequivoca, e incomparavelmente mais bello do que o inedito reproduzido pelo snr. Visconde de Juromenha.

The MS was thus introduced to scholars as a late-16th-century collection of previously unknown works by Camões, probably a part of a MS seen by Faria e Sousa in Escalona,[2] bound with the *Rosián de Castilla,* two folios (presently 1 and 2) preceding the printed work, the remainder following it. These descriptions did not, however, reflect completely the original state of the MS or the contents of the Academy volume in which it was bound. The library of the Academia das

---

[2] Braga seems to have been particularly interested during these years in the rediscovery of the MS which Faria e Sousa described in his edition of the *Rimas...* of Camões (Vol. II, T. IV, pp. 41-42, 49), with its mention of Manoel Godinho, Francisco Alvares, and the dates 1562 and 1598. In addition to seeing the present MS as a fragment of that *cancioneiro,* Braga later suggested that the Hispano-Portuguese *cancioneiro* of the Biblioteca Pública e Arquivo Distrital de Évora published by Victor E. Hardung (MS CXIV/1-17) was the Godinho MS. See Braga, *Questões de Litteratura e Arte Portugueza,* p. 244, and our edition of the Évora MS, *Cancioneiro de Évora,* p. 16. A careful reading of the description of the Escalona MS and the specific texts it contained given by Faria e Sousa himself clearly makes the identification of either of these two MSS with the Escalona codex impossible.

INTRODUCTION 15

Ciências had been formed on the basis of its own acquisitions since 1779, when it was founded, and the addition of the extensive library of the Franciscan Convento de Nossa Senhora de Jesus, of which the Academy took possession, along with the buildings, in 1834.[3] Two major hand-written catalogues of the Convent's library had been prepared in the early 19th century, shortly before the dissolution of the religious orders in Portugal. Both contain references to the *Rosián* and to the MS. In Vol. 6 of the 9-vol. *Catalogo Methodico dos Livros*..., 1830, pp. 37-38, under the section *Poezia prosaica* (organization by subject matter), the following description appears:

> Historia (LA) de Rosian de Castilla, que trata de las grandes aventuras, que en diversas partes del Mundo le acontecieron: traduzida de Latin en Castellaño por Joachim Romero de Cepeda: en Lisboa, 1586. fol. Arm. 3.º E. 1.ª Neste volume estão juntos muitos versos manuscritos, e huma Comedia Castelhana.

Two additional references appear in the slightly earlier 19-vol. repertory *Catalogo Alphabético dos Livros*..., 1825 (organization by author/title): in Vol. 9, p. 156, a repetition of the above description, and in Vol. 3, p. 259, the following:[4]

> Cepeda (Joaquim Romero de). V. Historia /La/ de Rosian de Castilla &. traduzida de Latin por... En Lisboa, 1586, fol. Arm.ro 3 E. 1ª/4.

Several questions concerning the original length and contents of the MS arise immediately from a comparison of these descriptions with that given by Braga. The catalogues of the Convent library are in effect generalized in their notations, but would suggest that the volume in question contained, in sequence, the *Rosián*, the "versos manuscritos," and then a "comedia castelhana." Braga's description details two folios of manuscript verse preceding the *Rosián* and 58 folios following it, but does not mention the play. His reference to the fact that

---

[3] The Convent library, in turn, consisted at that point of its own holdings and books from the libraries of several small Franciscan convents which had been incorporated into it during the late 18th century.

[4] We have found no trace of the volume (the *Rosián* or the MS) in the 18th-century hand-written catalogues of the Convent's library itself or of those libraries brought to it.

"acha-se o signal de terem sido arrancadas 25 folhas, começando [o MS] na folha 26," is unclear in implication. Were stub ends or other visible signs of the 25 missing folios present, or was Braga's statement made simply on the basis that the MS showed the number 26 as its first indication of foliation? If the noticeable remains were present, did they represent the pages that contained a manuscript copy of a play, their loss thereby preventing Braga's knowledge of it, or were they simply the first 25 folios of the *cancioneiro,* the "comedia" (MS or printed?) then following and left unmentioned by Braga as of no particular interest? Only the future chance discovery of the play and/or more folios of the MS can shed light on these problems. We would note, however, that 25 folios is not an uncommon length for a MS copy of a late-16th-century play, especially if carefully copied, and that, given the 30-folio lenght of the collection of "fabulas" with which the MS presently begins, the opening of the codex with a play occupying 25 folios would not be foreign to its nature or to the period of its preparation.

Braga's presentation of a previously unknown MS collection and the publication of 43 texts from it could not but attract the interest of Dona Carolina Michaëlis and other literary scholars of the late 19th century. Even more, precisely in the third-centenary year, the attribution to Camões of such a large group of supposedly unknown texts, many of which were in Spanish, carried for these scholars all the possibilities for a major revision of attitudes concerning his works, especially in the light of the continuing polemics over the Visconde de Juromenha's edition of Camões' works and the studies of Wilhelm Storck and Carolina Michaëlis herself. Any such hopes derived from the series of texts could not, however, bear even the most rapid of inspections, as was apparent in the review of Braga's collection prepared by Dona Carolina: "Parnaso de Luiz de Camões," *ZRPh,* V (1881), 392-402. The review includes (pp. 397-402) a devastating denunciation of the "inéditos" as such, of Braga's attribution of them, any of them, to Camões, of his methods of procedure, and of any relationship of the MS to the Escalona codex. The contents of the MS were of interest even so, and constant impatience with the "poverty" of information supplied by Braga about them and the MS itself shows clearly through Carolina Michaëlis' discussion: [our translation]

Before this printed work appear two pages of a MS with poems from the 16th century, among which, for example, is the 'sonnet of the Queen's Priest' (specifically which is not indicated). Following the printed work is a long fragment, the first folio of which is no. 26. There is no indication if the first two pages are part of the manuscript *cancioneiro* which appears at the end; no word on the century of the script, paper, or ink; no word on the age of the binding, on the size of the MS; nothing specific on its contents, on the poets, who are represented in it with known or unknown poems; nothing specific about those who are named, and not even the classification number of the volume is given.

A considerable portion of the final section of the review is given over, therefore, to the initial process of documenting known copies of poems printed by Braga and to the indication of specific authorship, where possible at that time; studies which were continued by the author in the following year in the article "O Texto das Rimas de Camões e os apocryphos," *RSIP*, II (1882), 105-125. Specific concern for the merits of these poems and for the variant readings they offered would, however, begin to appear only at the beginning of the 20th century, and the complete contents of the MS would remain unknown for an additional 62 years.

In 1891 Teófilo Braga mentioned the MS once again in his *Camões e o Sentimento Nacional*. On pages 158 and 187-188, he laconically recognized the apocryphal nature of the texts he had published from the codex as the works of Camões, and referred to the MS as still in the library of the Academy, but gave no new information on it. Carolina Michaëlis also listed several of the texts published by Braga in two articles dedicated to other interests ("Notas aos *Sonetos anonymos*," *RHi*, VII [1900], 107, and "Investigações...," *RHi*, XXII [1910], 524, 546, 577, and 591), using the texts now for the variants they offered to other texts of the poems under consideration. She repeats Braga's description of the MS and its location, acknowledging him as its discoverer, and points to the importance of the MS for the history of the bilingual poetic interests of the Portuguese at the turn of the 17th century. These statements by Braga and particularly those of Carolina Michaëlis were based, however, on Braga's original description of 1880 rather than on renewed or direct contact, for the MS and its volume companion, the *Rosián de Castilla*, had disappeared from the library of the Academy. The first indication of this loss was given by Francisco Marques de Sousa Viterbo in his study *Fr. Bartholomeu Ferreira, o primeiro censor dos Lusíadas* ... (Lisboa, 1891), p. 216, note 4. His discussion centers on works with the *imprimatur* of Ferreira, mentioning the *Rosián*, "que recebeu provavelmente a approvação de fr. Bartholomeu Ferreira," and continues "Procurámos examinal-a, mas não se encontrou, parecendo ter-se extraviado, o que é, infelizmente, uma grande perda ... No caso de se haver effectivamente extraviado, oxalá que tenha ido parar a mãos, que lhe saibam dar ao menos o devido apreço!"[5] Braga repeated the notice of the loss some years later in his *Camões, A Obra lyrica e épica* (Porto, 1911). In a note of thinly veiled accusation directed to the cognoscenti of the period (p. 215), Braga put forth the censure that the MS "foi subtrahido da Bibliotheca da Academia pelo empregado falecido, por cuja morte muitos livros fôram vendidos aos alfarrabistas." Some 53 years were to pass after Sousa Viterbo's announcement of 1891, however, before the patient and exacting scholarship of Don Antonio Rodríguez-Moñino in connection with the author of the *Rosián*, Joaquín Romero de Cepeda, would clarify the point of loss of the volume, would trace its momentary possession by the Lisbon bookdealer Augusto Ferin and its passage through Spain, and would locate it finally in its present home, the Hispanic Society of America.

In the personally trying 10 years following 1939, intensive literary investigation was one of the few consolations available to Rodríguez-Moñino. Among the many studies finished during this period was a series of works dealing with various aspects of the literary production of authors from his native Extremadura, among them Joaquín Romero de Cepeda. This Spanish poet, dramatist, and novelist had particularly interested Don Antonio from the earliest period of his researches, and was the subject of two bibliographically oriented articles and one book:

---

[5] The loss of the *Rosián* was not recorded in the hand-written catalogues until later: *Catalogo Alphabético* ..., Vol. 3, p. 259, with the marginal note "falta, 1929," and Vol. 9, p. 128, "falta, julho 926, Vieira." We note in passing that the defection of Knights from the Academy library seems to have been complete. Numerous editions of novels of chivalry listed in the Convent's hand-written catalogues are missing. For example: a *Partinuplés* (Madrid, 1739), a *Tablante de Ricamonte* (Madrid, 1739), an *Oliveros* (Madrid, Pedro José Alonso y Padilla, 1735), and the extremely rare translation by António da Silva of the *Lançarote do Lago* (Lisboa, 1746).

"Joaquín Romero de Cepeda (Escritor extremeño del siglo XVI)," *Nueva Etapa,* XXVIII (1925), 352-357; *Teatro extremeño del siglo XVI. Noticias bio-bibliográficas sobre... Joaquín Romero de Cepeda y otros* (Badajoz, 1926); and "Joaquín Romero de Cepeda, poeta extremeño del siglo dieciséis. Estudio bibliográfico (1577-1590)," *Revista del Centro de Estudios Extremeños,* XIV (1940), 167-192. The last-listed of these contains a detailed account of the works published by Romero de Cepeda and their contents. Specifically concerning the *Rosián,* Don Antonio collected references to two "known" copies of the work: one previously in the library of the Marqués de Jerez de los Caballeros, which, purchased by Archer M. Huntington in 1902, had been incorporated into the general collection of the Hispanic Library of the Hispanic Society; the other copy, listed as that held by the Academia das Ciências in Lisbon, which when sought in June of 1936 by Doña María Brey Mariño, was acknowledged as missing as of 1929 (a reflection of the notation in Vol. 3 of the *Catalogo Alphabético*). Don Antonio ended his commentary on the work with the observation (p. 184) "Hay, pues, que considerar como ejemplar único el de New York, aún no descrito científicamente." The description called for in these final lines was furnished in an article written by him in 1944 under the pseudonym Martín de Argüello. The study offered in addition the unexpected coincidence announced in the title: "Romero de Cepeda, novelista del siglo XVI (Un libro perdido en Lisboa y hallado en Nueva York)," *Bibliografía Hispánica,* III (1944), 517-523. From notes on the New York copy furnished by Homero Serís to Don Antonio for his work, it was obvious that the volume held by the Hispanic Society, from the Marqués de Jerez' library, was in fact that taken from the Academy in Lisbon, and that it was still accompanied by the fragmentary *cancioneiro.* In brief resumé, the article details the process of tracing the two supposed copies mentioned in the article of 1940, their identification as one and the same copy, and documents the contacts of the Marqués with Augusto Ferin in Lisbon, confirming the former's purchase of the volume in that city at some point before the sale of his library to Huntington in 1902. The pertinent paragraphs concerning the MS are as follows (p. 520):

> Hemos seguido la pista a *dos* volúmenes: uno propiedad de la Academía das Sciencias de Lisboa, otro del marqués de Jerez de los Caballeros. Aquél tenía encuadernado al fin un

cartapacio manuscrito, especie de cancionerillo del siglo XVI. Y nos encontramos sorprendidos al ver que el ejemplar de la Hispanic Society lleva al final, asimismo, *ciento dieciocho páginas manuscritas* de letra contemporánea a la edición (con probabilidades de veinte años), de dos o tres manos distintas, en que se copian poesías *portuguesas* y castellanas, en su mayoría anónimas, muchas de autores conocidos, v. gr., el famoso *Voto a Dios que me espanta esta grandeza,* una glosa a un soneto del divino Figueroa, un soneto de Martí de Castro, etc.

La procedencia portuguesa del ejemplar de Nueva York, que parece fundamentada con lo expuesto, adquiere categorías de certeza al examinar la etiqueta que lleva adherida al ángulo superior izquierdo de la guarda y que dice así: *Augusto Ferin. Livreiro encadernador. Rua Nova do Almada n.º 70 a 74. Lisboa.*

Additional points of clarification were offered, as the "Argüello" article became known in Portugal, by the Portuguese bibliographer Álvaro Neves in the article "Raridade Bibliográfica..." (*Livros de Portugal,* no. 31 [1944], 5-6). Specifically, Neves reviewed the commentary given by Braga in 1880 and noted (p. 6), in relation to the sale of the volume by Ferin: "Ora, até 1880, o exemplar existiu na Academia. A firma comercial Augusto Ferin terminou em 1890 ou 1891. Por conseqüência, no decénio 1880-1890, foi o livro furtado ou emprestado a algum académico que não o restituiu, e depois vendido ao Marquês de Jerez de los Caballeros, que muitos livros comprou em Portugal." [6]

These two articles thus traced the errant history and make-up of the volume containing the MS and supplied its modern location. Precisely what the codex itself contained, however, was still unclear, defined only through the chaotic selection printed by Braga in 1876 and 1880. That such remained the case was obviously due in part to the loss of the MS shortly following its discovery, but more so to the fact that the "apenso," as it was described, seemed to offer little of importance to critical studies while more celebrated MS collections of Portuguese poetry of the late-16th and the early-17th centuries

---

[6] The date of purchase was later refined to 1888 or 1889, years when the Marqués made trips to Lisbon and purchased quantities of Portuguese and Spanish books from Ferin (A. Rodríguez-Moñino, *Catálogo de la Biblioteca del Marqués de Jerez de los Caballeros* [Madrid, 1966], pp. 23-25).

awaited careful description.[7] This task of description of our MS was eventually undertaken in 1965, again by Don Antonio Rodríguez-Moñino, as an incidental part of his researches and the preparation of the monumental 3-vol. catalogue of the poetic MSS of the 15th, 16th, and 17th centuries held by the Hispanic Society (*Catálogo de los manuscritos poéticos*... [New York, 1965-1966]). The MS is listed as no. 10 of the repertory (Vol. I, pp. 76-79); the description given is at noticeable variance with our own only in that 3 poems (nos. 48, 60, and 61) are lacking in the list of the contents.

The view of the material available in the MS — now including the collection of the "fábulas" of the Licenciado Tamariz, and the additional political, satirical, lyrical, religious, and funeral poetry not mentioned by Braga — was therefore significantly altered and amplified. Equally, the value of the collection as a text source was made more clear by the listing, and additionally emphasized by a series of studies undertaken in the same period by Professor Jorge de Sena. In the wide-ranging monographs on late-16th-century Portuguese and Spanish lyrics incorporated in his two volumes *Uma canção de Camões* (pp. 59, 532, and 545-546) and *A estrutura de "Os Lusíadas"* (pp. 189-199), Sena discusses the history of the MS, and specifically studies the text of Manuel Soares de Albergaria's *canção* "Gloria tão merecida" (no. 50), which he describes as "mais bela que algumas de Camões."

Our interest in the MS has as its principal concern the presentation of a complete transcription of the contents of the extant folios of the codex, augmented by a series of bibliographical notes and commentary destined on the one hand to indicate additional sources for the texts and interpretative comments on their history where possible, and on the other to consider the collection as a unit in relation to other col-

---

[7] Many of these lamentably, still do. The "Cancioneiro de Fernandes Tomás," for example, is in reality unexplored. Carolina Michaëlis' initial efforts with it have served scholars since their publication in 1922, but the MS contains material at variance with her description. The most welcome recent facsimile edition done under the direction of Dom Fernando de Almeida will finally allow access to the text. The "Cancioneiro de Luis Franco" (BNL, F.G. 4413), that of Dona Cecília de Portugal (Torre de Tombo, MS. 1835), and the extensive collection that is the Torre do Tombo MS. 1117, all of which preoccupied late-19th-century critics briefly at one point or another, will provide a great quantity of important — perhaps even surprising — material for the knowledge of Portuguese poetic tastes and interests of the period of the Dual Monarchy.

lections of the period. As such the edition is part of a series of studies which we intend as reference works for future critical investigations of the canon of individual poets and genres. In the transcription we have maintained without change the orthography of the two scribes. The infrequent original punctuation, chaotic and confusing in the extreme, has been simplified, however, to a period at the end of each text. Original scribal modifications in the texts are indicated in the notes, and each poem is supplied with a number for purposes of reference in the commentary, notes, and indices.

## Contents and Date of the Collection

The collection, as it stands, offers the reader an interesting view of the poetic tastes of one, and possibly two Portuguese living in the first quarter of the 17th century, and through them, a reflection of vogues current in Portugal at that period. It is essentially, however, a miscellany of texts culled from a variety of sources and representative of the major poetic styles developed in the Peninsula during the 16th century. As such, it shows a number of characteristics common to collections made in Portugal specifically during the years of the Dual Monarchy (1580-1640).

These miscellanies, like those of any period, were very naturally the repositories of works by a wide range of writers contemporary to the years of their formation, and the texts manifested an equally wide range of accomplishment. The occasional poetry of the day, the momentarily interesting texts, as well as the works of sensitive poets, which for several reasons never appeared in printed form, fill the pages of these collections and survive only in this MS tradition. They were in essence collections which supplemented materials available in print, and hence the general absence in them of poetry, read and influential in the period, by renowned authors whose works were available in partial or "complete" editions — and reeditions. Particular exceptions can be found, a reflection of the overriding popularity of a given text or the particular bent of the collector, but the lack of poems in the early-17th-century miscellanies by, say, Camões or Sá de Miranda, from an earlier period, or by the contemporary Diogo Bernardes speaks only to the mission of the miscellany and not to a decline in interest in their poetry or to its unavailability.

Contemporary materials were, however, not the exclusive interest of the miscellanies. A noticeable strain of "traditionalism" is clearly evident in them. Numerous texts of previous years appear side by side with the more recent works: a procedure observed to the extent that the collections which vary from it are rare indeed. These older texts may or may not have appeared in print, but the majority of them had long since entered the realm of set pieces for MS collections, enjoying an independent life in them, and at times maintaining a consistency of reading at variance with the printed versions. Knowledge of the identity of the authors in such cases was, in effect, lost, and the attributions, when given, were often gratuitous.

In addition to these general characteristics, the miscellanies compiled in Portugal during the late-16th and the early-17th centuries reflect, more openly than most of their Spanish counterparts, a moment of literary unity in the Peninsula. That unity was undoubtedly facilitated by the political union of Spain and Portugal, but the political unity was more the catalyst than the cause in the development. It was a moment which saw the full flowering, through mutual influence and intense cross-fertilization, of tendencies of mutual recognition that had been long apparent in both literatures. The unity brought about one of the infrequent periods when the writers could speak naturally to all parts of the Peninsula, and were directly subject to unencumbered influences from them: a truly *Iberian* literature and a unified intellectual community. Specifically in Portugal, the collections attest to the appreciation of the works, styles, and interests of Spanish poets and to a more marked attention to them than in other times. Further, they reflect the partial acceptance of Spanish as a poetic idiom by Portuguese writers — it was, after all, the Imperial language — on a level closely approaching the use of the national language. Cultural realities in Spain precluded a reciprocal use of Portuguese by Spanish authors to any important extent. It is patent in Spanish poetry, prose, and theater of the period, however, that the recognition of writers of Portuguese origin, their interests, and things Portuguese had now become an integral part of a literary tradition and cultural heritage.

The present collection shows all of the basic traits outlined above. The works gathered are primarily texts produced in the final years of the 16th century or the first years of the 17th. They are accompanied by a number of older texts, from the mid third of the 16th century. No particular preference is noticeable for works in either Portuguese or Spanish over the other language. Those written in Spanish predominate numerically (37 texts vs. 29), but a much closer balance is struck in the works contemporary to the formation of the MS. The interests are those of *literati* attuned to the urbane and cultered poetry of the period; poems of the truly popular lyric are not included. Current politically oriented texts (nos. 19, 26, 27), those of social satire and commentary (nos. 5, 6, 7, 9-13, 47), funeral eulogies for Spanish royalty (nos. 20, 41, 46, 62), and poems of religious and moral consideration (nos. 1, 2, 14, 25, 29, 37) accompany and mix with a large group of love lyrics of traditional inspiration in both the native and the Italianate styles. There is no apparent scheme of arrangement, beyond an occasional grouping of texts in the same verse form or of those thematically linked. Works in the Italianate forms predominate (sonnets, octaves, *canções*, tercets), but poems in a variety of traditional peninsular modes (*villancicos, coplas, quintillas*) are scattered throughout and attest to the continued appreciation and vitality of these forms before they were engulfed in the flood of topical 17th-century *décimas* and *romances*.

The readings of the poems collected show the expected defects characteristic of the Portuguese miscellanies: a number of simple errors in transcription by Portuguese-speaking scribes writing Spanish, and momentary garbles resulting from either corrupted model texts or from inattention of the copyists. But the lapses are not such as to compromise the basic value of the texts themselves or studies of the variants they offer in comparison with copies in other sources. While the constant 16th- and 17th-century practice of reworking or polishing a given text, even by the author himself, frequently obscures any discussion of the "best" or "original" reading of a poem, the individual variants and families of variants seen in the present and other miscellanies shed a considerable amount of light on that process and on the esthetics of modification implied. They attest to the spread of one version in contrast to another, to the periods of popularity of a text through its imitations and reworkings, and, at times, to the sources used in compiling the MSS. The readings of the two texts "Ficade-vos vós embora" and "Bem sotisfeita ficades" (nos. 35 and 36) and the similar versions of the Coimbra University MS. 481, for example, show a manuscript tradition of these sham Medieval texts at variance with the printed versions. The two manuscript copies of the sonnet

"Si mil vidas tuviera que entregaros" listed in the notes for no. 21, with their mention of "Sertorio" in the title, are derivations, if not direct copies, of Leitão de Andrada's use and eventual printing of the sonnet, rather than reflections of the wide popularity enjoyed by the text in the MS miscellanies. More important, of course, are the versions recorded in these miscellanies which are more satisfactory than readings which found their way into print and on which most of modern criticism is based. We would note, as simple example, two of the present texts. The first, "Não vejo meu bem presente" (no. 28), is the complete text of the defective printing that appeared in the 1597 edition of Vasco Mousinho's poetry. In the second, the eclogue "Bellísima Isabel cuya hermosura" (no. 55), the printed version of 1607 is an obviously less polished and perhaps earlier reading of Mesa's work than the version copied in this manuscript.

While the collection conforms, therefore, to the general traits of the late-16th- and early-17th-century miscellanies, it differs from them in at least one noticeable and important aspect. The specific texts gathered for it imply a selective taste on the part of the collector more refined than that of his contemporaries who made such collections. Ours has chosen primarily works of quality from his own period along with a number of consecrated older texts, mostly by Spanish authors, which were extensively read and enjoyed. The works were, furthermore, selected for their own interest and merits; there is no sustained attempt, as was frequently the case, to gather numbers of texts by a given author. Of the works we have called "traditionalist" in nature, Cetina's sonnet "Es lo blanco castísima pureza" (no. 42) was the most frequently recopied work on color symbolism in the 16th and 17th centuries. The sonnet-in-echo "Mucho a la Magestad sagrada agrada" (no. 41), beyond its own obvious merits, became the standard model for such sonnets in both printed and manuscript sources. Hernando de Acuña's sonnet "En una selva al parecer del dia" (no. 51) had struck a responsive cord, and was frequently copied for itself, or circulated with glossing texts as it happens in our MS with Francisco de Figueroa's "Entre doradas flores" (no. 52). The same may be said of two other works. The sonnet "Hero de una alta torre do miraba" (no. 54) was apparently first printed in the 1557 edition of the *Cancionero general*, where even by then it was called a "soneto viejo." It was copied by itself, as here, or given as a base text for glosses by numerous late-16th- and 17th-century poets. The *mote* "Mi alma teneisla vos" (no. 31) has an equally long tradition as a point of departure for later creative efforts. The four sonnets nos. 23, 24, 53, 66, Pedro Laynez' octave "Sobre nevados riscos leuantando" (no. 57), and Frías' octave on the death of the Prince D. Carlos (no. 62) are perhaps less frequently found elsewhere, but each enjoys a continuing life in the miscellanies throughout the period quite apart from an occasional printing. Also among these "traditionalist" works, the group of five "fabulas" by the Licenciado Cristóbal de Tamariz is of especial interest beyond the particular attention given its preparation. The edition and study of the author published by Don Antonio Rodríguez-Moñino (see the notes for nos. 9-13) offer the most recent attempt to identify the author from among several contemporary homonyms, to establish the period of his writings, and to collect the texts undoubtedly his and those possibly so. Four of the present works (nos. 9, 10, 11, and 13) appear in Moñino's edition, but the texts in our MS give occasional insights on readings and turns of phrase in the printed versions. The fifth "fabula" (no. 12) is new, but unquestionably the work of Tamariz. The presence of this especially prepared group confirms a wider knowledge and continuing appreciation of his works than previously suspected, and to a greater quantity of production than previously known.

The large group of more modern works includes examples of most of the new techniques and thematic interests typical of the cultured poetry in vogue at the turn of the 17th century. The three texts of specific political theme offer commentary on passing events in the Empire, and call for corrective action by Philip III. Their inclusion, regardless of the possible nationality of the authors, portrays a positive interest in the health of the Dual Monarchy on the part of the collector, in contrast to the frequently cited Portuguese autonomistic interests of the period. Texts 19 and 26 appeal directly to the Crown for stern measures to restore the vitality of imperial policies. The third, no. 27, could possibly be read as an example of the indirect anti-imperial sentiments of a Portuguese, but concerns itself more specifically with the problems of malfeasance and corruption by appointees of the Crown for Portugal. The call for internal reform, not dissolution, is clear. The satirical texts show how contemporary society must have enjoyed the humorous treatment of certain frailties — affection in dress and toilette, convent nightingales, disputes between popular types — all light and impersonal in their point. The wit displayed in the poems was, in fact, as important as the satire itself. Three of the four funeral eulogies included underscore the collector's taste for well-known poetry and his positive attitude toward the unified Empire. Cervantes' jocose sonnet (no. 20) on the pomp of the funeral display for Philip II in Seville remained popular throughout the Peninsula for an extended period. The older texts "Mucho a la Magestad sagrada agrada" and Frías' octave "Nací de padre y aguelo sin segundo," as has been noted above, enjoyed equal attention, and the sonnet, at least, had become so well-known that no "good" anthology could do without it. The texts of moral and religious considerations selected are also generally good pieces of lay inspiration. Particularly so are Martim de Castro's sonnet "Quem podera diser o que tem na alma" (no. 2) and the frequently copied and glossed octave "Larga cuenta que dar de tiempo largo" (no. 25). The anonymous tercets "D'Arca do testamento vai tirando" (no. 29), a comment on a loss of position and trust, are perhaps somewhat stilted in imagery, but show moments of noticeable elegance in expression and sensitivity of thought.

The themes of the lyrical poems display the continuing taste for the traditional views and problems of love treated either in the *cancionero* or the Petrarchan styles. Attention to the effects on the poet of the grace and physical beauty of the lady (particularly her eyes and hair), laments on the effects of absence, the fickleness of Love, and the unresponsiveness of the beloved are the standard fare, although now expressed in the more involved rhetoric of the late-16th and the early-17th centuries. Conceits of opposites and paradox, of extremes of metaphor, underlie many of these lyrical texts, and were apparently of particular interest to the collector. The three much reworked and imitated sonnets "Si mil vidas tuviera que entregaros" (no. 21), "Argos quisiera ser para miraros" (no. 44), and "Ay Dios si yo cegara antes que os viera" (no. 63) stand beside other sonnets of antithesis such as Lope's "Ir y quedar y con quedar partirse" (no. 40) and Vasco Mousinho's "En calma estar contra tormenta armarme" (no. 39), and accompany the problem-setting text "Arden Tirse igualmente y Galatea" (no. 15) with its resolution poem "En la escuela ado Amor es Presidente" (no. 16). Cast in similar fashion, praise of the lady and the poets' laments on separation from her appear in poems nos. 3, 43, 48, 49, 50, 56, and 65, and especially in sonnet no. 3, with its tightly-set resumé line "ouro, neve, rubis, sol, perlas, rosas." The various gamuts of standard complaints against the beloved for insensitivity to the poets' constant service — and resignation to their unhappy lot — were selected in both the traditional and Italiante meters (nos. 18, 22, 23, 31, 38, 58-61, 64, and 66). They are not, however, without a practical resolution in the sonnet "Que es esto Dios de Amor que ya no vales" (no. 24), malicious as it may be.

We have suggested previously that the selection of texts was made on the basis of the interest of the given work itself rather than of any particular interest in the author. Only seven texts are presented with specific attributions in the MS, and these are at best reflections of the sources being copied: no. 2, o Frade da Rainha; nos. 34-35, Egas Muniz; no. 43, Eloi de Sá; no. 44, Valentim da Silva; no. 52, Figueroa; no. 57, Laynez; and no. 65, Castro do Rio. The texts listed as by Eloi de Sá, Figueroa, Laynez, and Castro do Rio are theirs, but the attributions only incidentally correct. The attributions to "o Frade da Rainha" (Jorge Fernandes, or Frei Paulo da Cruz, as he was also known) and Valentim da Silva are questionable in the extreme, and the mention of Egas Muniz a fanciful creation carried in both manuscript and printed traditions. The list of poets represented, presently identifiable from other sources, does, in any case, offer an interesting side commentary on the preferences of the collector. The older texts chosen are primarily the work of Spanish poets: Acuña, Cetina, Figueroa, Frías, Laynez, Pinel, and Tamariz. Montemayor and Silvestre, although Portuguese in origin, may for practical purposes be considered as poets in the Spanish tradition. Only Diogo Bernardes, with a text composed before 1577, represents the native Portuguese lyric. In the body of more modern works, the preference is reversed. Cervantes and Lope de Vega are represented, with texts of wide circulation, and one work of the *extremeño* Cristóbal de Mesa appears, but the majority of the authors are Portuguese productive at the turn of the 17th century: Castro do Rio, Correia de Lacerda, Mousinho de Castelbranco, Noronha, Sá Sotomaior, and Soares de Albergaria. With one or two possible exceptions, they are figures of what might currently be considered a second rank of literary importance, regardless of the quality of their poetry or their influence in the period, but they are in all cases individuals known as poets *per se*. Authors of important family connection or historical position who frequently appear in other contemporary miscellanies, the Marquis of

INTRODUCTION                                                      29

Alenquer, the Count of Portalegre, and the various members of the Houses of Vimioso and Vidigueira, are absent.

\* \* \*

The extant folios bear no indications which permit dating the particular moment of the formation and transcription of the MS. The selective nature of the collection and the absence of a number of folios additionally complicate the problems of dating it. As is the case with most MS miscellanies, however, a number of internal and external elements can supply a certain amount of information for this purpose. The script of both copyists is of the hand-printed styles common in Portugal in the late-16th and the early-17th centuries; the papers are French, with watermarks known to have been in use between 1597 and 1604. The special attention given to the "fabulas" of the Licenciado Tamariz, the intervention of a second scribe, and the differences in paper used, would indicate that the preparation was not done at one point, but rather, over a period of time, even if relatively limited. The fact that the MS was bound with the 1586 *Rosián de Castilla* when first mentioned in the catalogues of the Lisbon Academy of Sciences (1825-1830) is of no specific value in view of the absence of any information as to when the two were brought together.

The indirect evidence afforded by the texts themselves, by copies of them in other collections, and by the periods of productivity of the authors included is random, but argues effectively for a transcription date within the first two decades or the 17th century. Only one date, of sorts, is furnished throughout the MS. In the rubric for the octave "Larga cuenta que dar de tiempo largo" (no. 25) the scribe has written "16," leaving space before the following word for the insertion of two figures about which he was apparently uncertain at the time. The space was clearly intended for later use, and would, in our opinion, not permit a reading of the "16" as the standard abbreviation for 1616. Five of the poems deal with historical events between 1568 and 1601, and were written in close relation with them: the death of Prince D. Carlos in 1568 (no. 62, an addition of the second scribe), the death of either the Queen Doña Isabel de la Paz in 1568 or the Queen Doña Ana de Austria in 1580 (no. 41), the death of Philip II in 1598 (nos. 20 and 46), and the political crisis of the sonnet to Philip III stated in other MSS to be of 1601 (no. 19).

The *terminus a quo* for the collection must therefore be at least 1600, as indicated in the title for text no. 25, or the first year of the 17th century, if the date given for sonnet no. 19 is correct.

A *terminus ad quem* must remain open to refinement, but for the present we would suggest a point between 1605 and 1620, perhaps somewhat closer to the first of the two dates. A number of the more modern texts, for which external evidence is available, can be identified with the specific period 1597-1607 either by suggested dates of composition, by dates of first printings, or by frequency of copies in other sources. Lope's sonnet "Ir y quedar y con quedar partirse" was first published in 1602, Vasco Mousinho's "Não vejo meu bem presente" in 1597, Cristóbal de Mesa's "Bellísima Isabel cuya hermosura" in 1607, and a version of the anonymous sonnet "Si mil vidas tuviera que entregaros" in 1605. Diogo Bernardes' "Que doudo pensamento este que sigo," written before 1577, appeared in print in 1596. Soares de Albergaria's "Glória tão merecida" was apparently never printed, but Professor Jorge de Sena's investigations on the work and the author, discussed in the notes, suggest that it was composed shortly before 1604. The sonnet "Ay Dios si yo cegara antes que os viera" is attested in several late 16th-century MSS, and the sonnet "Del hondo valle del tormento mío" is possibly of 1598. Of the paired political *romances* "Adormido Rey despierta" and "Despertad del grave sueño," the second at least is known in a datable MS prepared in the closing years of the reign of Philip III (1618-1621) among texts from the first years of the century. The absence of any poetical reference to the death of Philip III (1621) is perhaps a less substantial point in this connection, but notice of it would certainly not have been alien to the spirit of the collection, had the codex indeed been prepared after that date.

Seventeenth-century first-printing dates for a reduced number of the texts fall past the suggested 1620 limit, but other sources indicate that the poems were written considerably before being printed, and well within the first twenty years of the century, if not before. Of the three sonnets by Martim de Castro do Rio (nos. 2, 23, and 65), no. 23 was printed in 1623, but the poet had died in 1613 (see the commentary in the notes for text no. 23). A similar situation exists with Figueroa's "Entre una selva al parecer del dia," first published in 1626, nine years after his death and much later than 16-century MS recordings of the text. Sá Sotomaior's sonnet "Inferno en vida a mi cuidado -dado" was published in his *Riberas do Mondego*, 1623, and the two falsified medieval *cartas* (nos. 35-36) were included by Leitão de Andrada in his *Miscellanea*, 1629. Both these published works are noted, however, for their inclusion of poems from earlier periods and by other poets. It is particularly true of Leitão de Andrada's work, and the available evidence indicates that the two *cartas*, at least, were produced in the final years of the 16th century or very shortly thereafter.

In resumé, the indications given above are at best random for the dating of the collection, and possibly reflect more the dates of the composition of the given texts and the periods of their popularity than the specific point of the formation and the transcription of the MS. But the two considerations are not, in our view, unrelated. Although the earliest presently datable texts in the codex are from slightly before the mid-point of the 16th century and the latest from the first years of the 17th, there is a noticeable concentration in the inferred dates from the more modern texts which points to the first 10 years of the 17th century. Such evidence, in conjunction with that of the script styles and the papers used, would in our opinion suggest fairly clearly the years in which the collection was in the process of compilation.

* * *

The debts I have incurred in the preparation of this edition are many, and I wish to express here my gratitude to those who have generously contributed to its elaboration. My indebtedness to the late and lamented Don Antonio Rodríguez-Moñino should be obvious even to the most casual reader, and must be acknowledged first in any list. The Hispanic Society of America has furnished every kind of facility and support. I am also especially grateful to my colleagues Prof. Benjamin M. Woodbridge, Jr., and Prof. Luis Monguió for their many valuable suggestions. Professors Edward Glaser, William Whitby, Jorge de Sena, Eugenio Asensio, and Dom Fernando de Almeida, Director of the library of the Museu Nacional de Arqueologia e Etnologia, Lisbon, shared their opinions and information of interest with me in the finest and highest of scholarly traditions. To Senhor Alfonso Cassuto, Lisbon, I am grateful for the opportunity to consult several MSS from his collection, and I must state my thanks to the staffs of the MSS Sections of the various libraries listed in the notes. Their kind aid and helpfulness facilitated my work with the materials in their charge. I am also indebted to the John Simon Guggenheim Foundation for the Fellowship during the tenure of which I was able to consult the MS collections of English, Spanish, and Portuguese libraries. The shortcomings that remain in spite of these kindnesses are my own.

Berkeley, Sept., 1971

TEXT

## [1]

### Soneto a circunsisão [fol. 1 r.]

Hũa finesa grande hum lance brauo
neste trance meu Ds ueyo escondido
hũ desusado Amor hum nunca ouuido
estremo entre o senhor e o uil escrauo

5 Em Vos ueyo o ferrete e em uos o crauo
eu sou o pecador uos o offendido
eu o seruo senhor uos o uendido
em mi a culpa está e em uos o agrauo

Grande mostra meu bem do amor estreito
10 com que buscais os homens que amais tanto
grande secreto de Vossa omnipotencia

Pois pª os obrigar cõ hum nouo espanto
pecca o primeiro homem homem feitõ
e uos faseis minino a penitencia.

## [2]

### Soneto. Frade da R.ª

Quem podera diser o que tem na alma
para desenganar em tudo a uida
mas não ueyo ninguem que trate d'alma
que todos a esperança poem na uida

5  O Ceo he o uerdadeiro lugar d'alma
   a terra basta darlhe o Corpo e a uida
   pois não podem ter fim os males d'alma
   e como sombra passão os bens da uida

   E se queremos uer o presso dalma
10 ueyamos que poz Deos por ella a uida
   uiueremos nos nelle e elle em nossa alma

   O mando he hũa sombra uaam q̃ enleua a uida
   quem nelle está milhor tem peor alma
   e quem o desprezou tem alma e uida.

### [3]

Soneto [fol. 1 v.]

Donde achastes senhora esse ouro fino
dessas tranças que Amor se enleua em uellas
em que praya essas perolas tão bellas
que descobris no rizo peregrino

5  Em que çereno ceo o sol diuino
   que cõ os rayos defende a uista dellas
   donde os finos rubis que por entrella
   com tanta graça uemos de contino

   Em que monte la do Indo até o Douro
10 a neue desse gesto delicado
   em que espinho essas rosas tão fermosas

   Mas quiz Natura em uos faser thesouro
   e assy por dama em uos recopilado
   ouro neue rubis sol perlas rosas.

## [4]

### Soneto

Esses olhos S^ra onde descansa
o minino que as flechas d'ouro atira
esse Cabello donde o sol inspira
mil rayos em que a uista cega e cansa

5 Essas faces q̃ a pura semelhança
das bellas rosas tem antes lh'atira
essa boca que graças mil respira
e onde hum bem está que não se alcansa

Essa testa q̃ o ser tem de ser uossa
10 e donde Amor ordena cada hora
uiua e mora o deseyo mas que presta

Não ha quem tanto bem merecer possa
Eu me contento so com uer senhora
olhos cabellos faces boca testa.

## [5]

### Soneto as Damas

Damas as que jnuentais por ser galantes     [fol. 2 r.]
Vrracos perequitos e trochados
Garfos copetes nocos reuerados
Roletes arandelas e turbantes

5 Se de perlas Rubis E diamantes
Cobris os lindos gestos delicados
porque a esses peitos de neue congelados
não buscais inuenção de ser constantes

Vistis os Corpos sos de mil primores
10 Deixais as almas nuas aos Coitados
que o nome tem de uossos seruidores

Guardai pois damas la os enfeitados
que Eu com elles não quero andar d'amores
que Amor quer outro amor não engomados.

### [6]

#### Reposta Em defensão

Quem diz que os perequitos E toucado
faz nas damas perder honestidade
Ou he por incerteza da Verdade
ou dos trajos de momo andar trajado

5   O ouro de mais Cores esmaltado
mais auiua o sentido abre a uontade
E mais realça a Vista a Variedade
Das flores com que Abril renoua o prado

A pedra que em sy he preciosa
10   Se com arte não he preficoada
fica de seus quilates nua E escassa

Assi o afeite a dama faz [...]
E a mais fermosa em si mais confiada
que a graça onde ha graça da mais graça.

### [7]

#### Soneto Contra os q̃ amão Freiras  [fol. 2 v.]

Importunos amantes de conuentos
Pois com uento contrario nauegais
E bebendo o Vento sempre andais
pello q̃ menos he que o mesmo uento

5   Por mais que o Vosso leue pensamento
sopre o uento por poppa não ficais
mais que correndo a Vella aca mais
que ter a uista a causa do tormento

Passas serras montanhas aspereza
10 Grades estreitas Abadeça esquiua
Cornos de cada dia ingrata freira

Trastornar o comum da natureza
ter a liberdade em ferros tão Catiua
he gosto falso E penna Verdadeira.

[8]

Soneto

Fermosa Chaterina que dominas
sobre minha Vontade E pensamento
pois entender a fé Em meu tormento
porque cõ o não crer me desaminas

5 Sempre mais na crueza te refinas
indigna de teu alto entendimento
nem te prazas Cruel de dar alento
a quem d'amor tem dado mostras finas

O que eu cuido o fera neste passo
10 he que com uerdadeiro amor te ama
o mesmo amor d'aber amor rendido

E por isso te deu animo [...]
porque tendote ia por sua dama
pretende elle so ser fauorecido

[9]

Fabula I.ª                    [fol. 3 r.]

Qualquiera que en Error se ue que ha dado
No quiera defenderse ni escusarse
que quanto mas defiende su pecado
sera en mas ciegos ñudos enrredarse

5   mas uale que confiesse auer errado
    que humano es el peccar y el emendarse
    y la gran pertinacia en el delicto
    es error de demonios infinito

    E quasi desta suerte el que sin tiento
10  solto la necedad y defendiola
    como la mar herida de gran uiento
    donde se siguen mil holas a Vna hola
    y ansi la necedad uiene en augmento
    y es digna de perdon si uiene sola
15  no haze tanto yerro el que no entiende
    Como el que auiendo errado se defiende.

              Comienca

    Dizen que un famosissimo poeta
    hizo en loor del Rey un epigrama
    y el Rey uiendo la obra tan prefecta
20  en fauor de su gloria y de su fama
    se agrado y en seruicio aquello açeta
    y luego el buen poeta ante sy llama
    y porque mas de ueras lo alabasse
    le dize que mercedes demandasse

25  Cada anno en aquel pueblo se hazia
    vna muy grande feria y muj poblada
    a la qual mucha gente Concorria
    entonces era a la sazon llegada
    y toda aquella gente que venia            [fol. 3 v.]
30  a la Ciudad que de un monte era cercada
    y de un rio caudal de gran creciente
    toda uenia a entrar por una puente

    El buen poeta q̃ esto Concidera
    al Rej pedio en merced q̃ le otorgasse
35  la guarda de la puente en tal manera
    que cada hombre una tarja le pagasse
    o sea de baxa suerte o de manera

q̃ por la puente a la ciudad entrasse
si en su cuerpo algun defeto tuuiesse
40 por donde aqueste hombre menos ualiesse

El Rey se lo otorgo aunq̃ desdeñoso
porque fue ansi tan corto en la demanda
mas el gentil poeta ansy gozosso
un priuilejo dello le demanda
45 y desque lo saco muy copioso
passasse por la puente a la otra banda
y un retulo alli puso en q̃ escreuia
esta merced q̃ el Rey le Concedia

Qualquiera dezia el retulo q̃ tenga
50 algun fatal O corporal defeto
por esta puente a la ciudad no uenga
o la menos si presume de discreto
de una tarja de a nueue se preuenga
p̃ cada uicio publico o secreto
55 q̃ tanto si a la feria passar quiere
le ha de costar la falta que tuuiere

Con esto cada uno q̃ passaua
a la ciudad y el retulo leya
luego la mano al graniel echaua                [fol. 4 r.]
60 si algun defeto en sy reconocia
y aunque el que la suya no mostraua
sino mui encubierta la· traya
holgaua dar medio real de prata
p̃que en el no se hiziesse cala y cata

65 Asi de todos su deuido pecho
cobraua sin tener sobre ello guerra
hasta q̃ un dia p̃ maior prouecho
un corcobado uino aquella tierra
y como el rostro no traya derecho
70 antes siempre miro hazia la tierra
no pudo leer el retulo patente
que a pagar allanaua la otra gente

Pues Como uido nuestro buen poeta
que se passaua aquel ansi de largo
75 sin lleuar su Corcoba mui secreta
le dixo como os uais a passo largo
hombre pariente de aquel Corcobeta
no querais q̃ os hechemos un embargo
pagadme como todos llanamente
80 pues ya una Vez entrastes en la puente

No dexa el otro el paseo comencado
y uiendo q̃ de lexos no le presta
de mas cerca el poeta le ha hablado
y otra uez a la paga le amonesta
85 quando a cabo de rato el Corcobado
boluiosse a el y diole tal repuesta
sñor dezis a mi q̃ estais diziendo
hablad un poco mas alto q̃ no entiendo

Bien conocio el poeta en solo esto      [*fol. 4 v.*]
90 que tambien era sordo el caminante
y aunque ya a todos era manifesto
el iua de su retulo ignorante
llegosse a el y con alegre gesto
le dize no paseis mas adelante
95 y pues ya por la puente aueis entrado
el protasgo me aueis de dar doblado

Toma desto el giboso marauilla
que se le pida alli ni aun una blanca
dize q̃ no hay en pueblo de Castilla
100 otra feria tan libre ni tan flanca
y de tal nouidade se marauilla
querer aquella puente hazer estanca
quinientas uezes dize aqui he uenido
y yamas tal protasgo me han pedido

105 Quanto mas q̃ mi capa sola lleuo
y el bordon y solo aquesto procuro
q̃ aun entre cien ladrones yo me atreuo

        a caminar Cantando bien seguro
        si el protasgo pedis de que lo deuo
110     No está dize el poeta muy obscuro
        pues con este bordon ni con la capa
        el fradrel de la espalda no se os tapa

        Y porq̃ ya le pague su dinero
        todo su priuilejo le declara
115     y que no vbiera sido tan parlero
        si deletreara el retulo y mirara
        y como no se creya de ligero
        quiso leer y como also la cara
        mostro zarco el un ojo solamente
120     y el otro negro en todo diferente        [fol. 5 r.]

        Viendo aquellos dos ojos de librea
        llega el poeta y mira al descubierto
        y entiende q̃ aquel ojo q̃ azulea
        de una gran nuue todo esta cubierto
125     no se dize el poeta si lo crea
        mas a mi me parece q̃ sois tuerto
        tres tarjas me deueis señor honrado
        pues q̃ sois sordo tuerto y Corcobado

        El otro aun en sus tres está firme
130     y quexasse con boses muy crecidas
        donde se sufre dize assy pedirme
        demandas q̃ yamas fueron pedidas
        no creo q̃ Rey esto mande ni tal firme
        en dano de las gentes afligidas
135     q̃ paguen los q̃ a la ciudad se uienen
        la falta en q̃ ninguna culpa tienen

        Antes qu'el caminante mas se entienda
        puesto el Juego a bozes ya metia
        de la cabeça le quito por prenda
140     un mediano sombrero q̃ traya
        pastas de tina muy gentil hazienda
        por toda la cabeça descobria

y ansi quatro defectos ha mostrado
tynoso sordo tuerto y Corcobado

145  No tiene ya por prenda ualerosa
     para las quatro tarjas el sombrero
     q̃ siendo de cabeça tan tynosa
     por no tenerlo se daran dinero
     dadme dezia otra prenda prouechosa
150  o sino quatro taryas companero                [*fol. 5 v.*]
     porq̃ si dura algo mas la fiesta
     la capa os quitare q̃ traeis puesta

     Esso sera sera quien no tuuiesse manos
     respondio muj furioso el Corcobado
155  Vos de tratar contino con uillanos
     deueis de estar ansi mal ensenado
     al fin uinieron ambos a las manos
     y el como luchador exprimentado
     los braços con presteza se arremanga
160  alçando dellos una y otra manga

     Pues como entrambas mangas ha subido
     descubrio un braço y otro postilloso
     como lo uio el poeta se ha reydo
     O q̃ negocio dize tan donoso
165  otro nueuo defecto ha parecido
     tanbien si no me engano sois sarnoso
     otra traja mas me deueis agora
     pues mostrais cosas nueuas cada hora

     Aun Con esto el giboso no se allana
170  dar sinco tarjas mucho le parece
     Vuieron de luchar de buena gana
     quanto mas puede el uno al otro empeçe
     mas al fin el poeta Vitoria gana
     que donde quiera su laurel floreçe
175  y una cayda al otro dio tan mala
     q̃ le rompio al caer la martingala

Como en tierra cayo el q̃ poco uale
y se hizo en las calças abertura
p̃ alli una botija se le sale
180 hecha de cuero y carne y no muy dura     [*fol. 6 r.*]
galan dize el poeta esta ya no os uale
no sois limpio de poluo y quebradura
sobre las sinco tarjas deueis otra
pues auies descubierto essa gran potra

190 Quando los dos su lucha começaron
mil hombres para uellos concurrieron
y como del negocio se Jnformaron
y claras las seis faltas conocieron
todos al corcobado condenaron
195 y p̃ hombre perdido lo tuuieron
q̃ su Erro augmento por sustentalle
y uino a echar sus faltas en la calle.

### [10]

#### Fabula 2ª     [*fol. 6 v.*]

Zagal si de tu dama honesta y bella
con dura crueldad tratado fueres
no dexes de estimalla y de querella
ni de tu dulce empreza desesperes
5 no seas Jniurioso contra ella
queriendola infamar q̃ las mugeres
p̃ su ualor merecen ser amadas
y en gran ueneracion ser estimadas

Si alguna ues yo entiendo q̃ se ayra
10 contra mi aquella dulce mi enemiga
y uiendo q̃ de mi huye y retira
es para me estoruar que no la siga
solo un remedio hallo y me respira
mi coracon cerrado en tal fatiga
15 q̃ quando está ella firme en su crueza
tengo yo en serle humilde mas firmeza

Que si yo resistiesse quando uza
comigo de crueldad y tirania
hallarse ha mi uista mas confusa
20  y toda mi uirtude se perderia
bien como el falso rostro de Medusa
q̃ los hombres em piedra Conuertia
y ansi es constante y firme en mis dolores
la luz de sus ojuelos robadores

25  Por tanto buen zagal de tu memoria
no caiga el buen Consejo q̃ te he dado
no pienses q̃ es corona ni vitoria
El ser contra las damas deslenguado
no pretendas yamas hazer historia
30  de los eches q̃ de ellas te han Contado
q̃ si en contar sus yerros te empleares
tuyo sera el q̃ dellas explicares           [*fol. 7 r.*]

### Comiença

Dizen que en cierto pueblo desta tierra
Vuo un hombre gentil de noble suelo
35  galan y señalado en paz y en guerra
prospero de los bienes deste suelo
mas el amor ponçona de la tierra
y ueneno mortifero del suelo
en su pecho encendio una fiera llama
40  dandole a uer un rostro de una dama

Era esta dama hermosa y auisada
muj noble y sobre todo mui honesta
y aunq̃ era de contino inportunada
del galan q̃ no duerme en su requesta
45  no quizo a sus mensajes dar entrada
antes cruel se le mostro y molesta
pero con todo esso el fiel amante
se mostraua en seruirla mas constante

Y para darle muestras q̃ la amaua
50  y conseguir el fin de sus amores

en galas y inuenciones lo mostraua
buscando en declararse mil dolores
a su custilla fiestas ordenaua
Juegos de cañas justas y otras flores
55   gastando su hazienda y patrimonio
dando de su locura testemonio

La dama q̃ mui claro ya entendia
lo q̃ tan claro andaua y tan sonado
ninguna quenta del galan hazia
60   con lo qual encendia su cuidado
con esto se augmento de dia en dia      [*fol. 7 v.*]
la furia del gastar demasiado
tanto q̃ uino ya a ser entendida
la quiebra de la hazienda mal regida

65   Ya no eran tan costosas las libreas
los banquetes splendidos cessauan
cessauan ya las Justas y peleas
tantos lacayos ya no acompanhauan
no auia ya inuenciones ni preseas
70   al fin q̃ ya las gentes suspechauan
q̃ el galan de su fausto yua caiendo
la renta y el caudal disminuyendo

Y siendole al galan a par de muerte
perder el alto grado y humilharsse
75   acuerda otro remedio mui mas fuerte
q̃ fue perder la tierra y desterrarse
todo el amor en odio lo conuierte
y como por manera de uengarse
determino escreuir hechos de damas
80   q̃ vuiessen hecho en daño de sus famas

y para andar las faltas bien notando
y auerlas de escreuir cumplidamente
acuerda siempre andar peregrinando
de lugar en lugar de gente en gente
85   a todos largamente perguntando

le diga Cada uno lo que siente
y ansi al menos se uengue de su dama
y a todas quite en general la fama

y para q̃ su Intento sea notado
90 y luego en toda parte se entendiesse
en caderno un gran libro tachonado    [*fol. 8 r.*]
como si para alguna Iglezia fuesse
no lo lleua en secreto ni liado
sino publiamente q̃ seruiesse
95 sobre un gran repostero descubierto
vnas vezes cerrado otras abierto

Qualquiera q̃ uia el libro de su effeto
s'iua a informar si algo dezian
luego assentaua alli qualquier defeto
100 que contra alguna dama Conoscia
sin mirar fuesse publico o secreto
y luego el cauallero lo escreuia
y desta suerte uino en crecimiento
su historia mala de su mal Intento

105 lleuaua algun Consuelo ya el amante
y tiene por señal de buena andança
en uer q̃ su vengança ua adelante
y de seguirla mas tiene esperança
y un dia ya q̃ Apollo el mar de Athlante
110 se acercaua a gosar de su holgansa
entro en una Ciudad y en una uentana
uio vna dama hermosa y mui galana

Como el amante uio su hermoso gesto
comiencala a mirar con marauilla
115 y assi ella echo de uer en su repuesto
y de tal Jnuension se marauilla
y entre sj começo a dezir q̃ es esto
este si no es maestre de capilla
deue ser falto de Juizio insano
120 pues ua assy con el libro tan vfano

         Como ya el caminante se passaua
         y ella saber su Jntento deseasse                [*fol. 8 v.*]
         y el effeto q̃ el libro denotaua
         y para q̃ de todo se informasse
125      una moça llamo en quien se fiaua
         mando q̃ a la ventana se llegasse
         y dende alli comiença a demostralle
         el caminante q̃ yua p̃ la calle

         No ues aquel sñor del Herreguelo
130      q̃ ua hazia la plaça encaminado
         tu has de ir traz del siguiendo el buelo
         hasta saber do queda aposentado
         y luego si me quieres dar Consuelo
         te informaras muy bien de su criado
135      quien sea y de q̃ tierra y q̃ le mueua
         a traer el gran libro q̃ alli lleua

         No fue tonta ni sorda la criada
         q̃ passo a passo par del cauallero
         y como lo uio entrar en la posada
140      hablo con su criado de ligero
         para cumplir el fin de su embaxada
         supo todo el negocio p̃ entero
         y q̃ su amo en el libro q̃ trahia
         los yerros de las damas escreuia

145      Boluiosse la mossa a su señora
         comiencale a Contar lo q̃ ha sabido
         y como aquello ojo la burladora
         en grande riza y gracia le ha caydo
         y dizele q̃ buelua alla a la hora
150      y a esse cauallero bien uenido
         dile q̃ estoi moriendo p̃ hablalle
         p̃ uerlle y conocelle y Conuersarlle

         Y que sino le peza q̃ yo biua         [*fol. 9 r.*]
         se uenga luego a uerme en un momento
155      p̃q̃ en uelle passar quede captiua

y sin el ya no espero algun contento
y p̃ uentura le dire q̃ escriua
algun graciosso y uerdadero cuento
y que en saberlo holgara infinito
160  mas q̃ con lo q̃ tiene el libro escrito

la moça q̃ por dicha ya sabia
ir alcala por natural camino
boluio al galan con su mensageria
el qual le parecio gran desatino
165  mas uiendo quantas saluas le hazia
con la astuta mocuela al fin se uino
y p̃ uer si es la dama en hermosura
tanto como la moça affirma y jura

Vio en llegando altissima portada
170  y andando un poco gran recebimiento
ancha cauallerisa q̃ mirada
muestra tener estancias mas de Ciento
uio escudo de armas y segunda entrada
y un patio de grandissimo contento
175  con arcos sobre marmoles de oriente
y en medio una agradable y dulce fuente

Vio gran rexa en el patio en la frontera
y por ella un Jardin en descubierto
y aca una facillisima escalera
180  lo alto de ella de oro muy cubierto
el gentil moco en uer la delantera
de la gran cala el rico y gran concierto
Jusga aunq̃ no la uido bien despacio
ser de duque o marques aquel palacio   [fol. 9 v.]

185  Diuersos pensamientos le uenian
quando la casa y su valor miraua
por un cabo estas cosas le mouian
a desear quien tanto bien mandaua
por otra parte espantos le afligian
190  q̃ a tanto bien indigno se iusgaua

dudando si la moça p̃ burlarlle
andaua procurando de engañalle

Estando pues dudoso en estos miedos
sin saber a q̃ parte se enclinasse
195 a la señora uio q̃ con los dedos
le estaua haziendo señas q̃ llegasse
en uiendola cobro nueuos denuedos
y antes q̃ la ocasion se le acabasse
fue a la mui fresca sala ado lo llama
200 [aquella tan pujante y bella dama]

y como de mas cerca la ha mirado
uido un sacro hechado de hermosura
y conforme a las muestras de su Estado
humildemente le haze gran mezura
205 y luego de la mano le ha tomado
y con dulces palabras de blandura
recebio cortez y blandamente
y Junto assj lo haze q̃ se assiente

Apenas se sento el galan pulido
210 quando sienten alla en la casa puerta
gran gente de a cauallo y gran ruido
q̃ ya llegaua a la segunda puerta
Ai le dize la dama mi marido
es q̃ uiene de caça yo soi muerta
215 mas ay triste no se lo q̃ hagamos   [*fol. 10 r.*]
ni en q̃ lugar o parte os escondamos

Pareçeme señor q̃ es bien q̃ en tanto
q̃ se nos ua haziendo hora de cena
dentro desta arca os metais y en quanto
220 toca al salir perded cuidado y pena
el moco respondio con grande espanto
q̃ al uientre baxara de la Vallena
y a otro lugar de mas tormento
porq̃ ella no padesca detrjmento

225  Entro pues en el arca el buen amante
     la señora cerro y echo la llaue
     y luego q̃ la echo llego al instante
     el marido q̃ desto nada sabe
     salelo a recebir con buen semblante
230  la dama con regalo mui suaue
     al tiempo q̃ se llega y q̃ lo abraça
     pregunta si le fue bien en la caça

     Mui bien me fue respondio el buen marido
     mui bien ha sucedido a mis monteros
235  mas hun gran año a mi me ha parecido
     este dia con gran deseo de ueros
     tantas ansias p̃ ueros no he tenido
     ni nunca tal sinti los dias primeros
     q̃ mereci gosaros alma mia
240  como solo el discurso deste dia

     Pues p̃ mi fe responde la sñra
     q̃ era bien al reues mi pensamiento
     porq̃ aunq̃ uuestra uista cada hora
     me es dulce y de grandissimo Contento
245  nunca yamas sñor menos q̃ agora       [*fol. 10 v.*]
     quisiera ueros sñor en este aposento
     antes os Juro q̃ de buena gana
     holgara q̃ uinierades mañana

     Y si teneis codicia de entendello
250  un poco sobre esta arca nos sentemos
     daros he enteramente cuenta dello
     pues tanto espacio y lugar tenemos
     mas antes que tratemos algo dello
     una apuesta Conuiene q̃ apostemos
255  la qual ha de perder el q̃ nonblare
     cosa de hierro en quanto se hablare

     Siempre fuistes donosa y plazentera
     le respondio el marido y esta locura
     no ha sido de las uuestras la primera

260　la dama sin ojrle mas le Jura
　　　q̃ en todo quanto ha dicho es uerdadero
　　　y le sera grauissima tristura
　　　y cosa mui pezada y mui molesta
　　　si no otorga con ella en el apuesta

265　Tan dulcemente dize lo q̃ quiere
　　　q̃ al fin quedo el apuesta confirmada
　　　que nadie toque en quanto ella dixere
　　　en cosa q̃ de hierro sea labrada
　　　cosa pequeña o grande o lo q̃ fuere
270　y sentados sobre el arca bien cerrada
　　　con uoz suaue y cara plazentera
　　　la dama començo desta manera

　　　Hallandome esta tarde no bien sana
　　　p̃ desechas tristeza y pezadumbre
275　quise ponerme un poco a la uentana
　　　aunq̃ yo no lo tengo de custumbre　　　［*fol. 11 r.*］
　　　y estando asi como la uida humana
　　　no tiene en cosa alguna certidumbre
　　　el ciego amor guio para mi daño
280　por aqui un caminante mui estraño

　　　Y en esto conocida su estrañesa
　　　q̃ encima vna azemela traja
　　　un libro nunca uista su grandesa
　　　q̃ admiracion y espanto me ponia
285　y por saber del mismo la Certeza
　　　y la obra q̃ del libro pretendia
　　　a llamarle embie y el bien criado
　　　a la hora ha uenido a mi llamado

　　　Viendole ser hermoso y bien apuesto
290　me namore y en uer q̃ estaua a tienpo
　　　confiesso q̃ me auia ya dispuesto
　　　para tener con el mi passatiempo
　　　y estando ya tratando en solo aquesto
　　　uenistes uos señor al mejor tiempo

295  fue bueno para uos pero dañoso
     para nuestro Concierto tan gustoso

     No penseis q̃ el galan se os aya ido
     q̃ aun esta todauia en esta casa
     q̃ dentro de aquesta arca esta metido
300  O pezie a tal tal nora mala passa
     dadme la llaue dize el buen marido
     Riendo ella le responde ued q̃ trassa
     aha mi señor pagadme lo apostado
     perdido aueis en hierro aueis tocado

305  No se pudo tener q̃ no reysse
     uiendo el sñor la burla bien compuesta     [fol. 11 v.]
     y sin q̃ otro Jues se lo dixesse
     el se dio por uencido en el apuesta
     y a la dama rogo no lo tuuiesse
310  en burlas pues la meza estaua puesta
     porq̃ uiene del campo mui cansado
     y se holgaria ya de auer cenado

     Y ansi Con esta platica suaue
     se fueron de la sala al senadero
315  y ella a la moça llama a la q̃ sabe
     todo el secreto dello por entero
     y mui en puridad le da la llaue
     mandale uaya abrir al cauallero
     y q̃ le lleue en saluo hasta la puerta
320  y del passado yerro alli le aduierta

     y mandole tambien q̃ se auisasse
     sino se quiere uer de alli adelante
     en otro tal peligro se guardasse
     de ser injurioso y fiel amante
325  y q̃ en honras de damas no tocasse
     antes en su loor escriua y Cante
     y en confusion de su dañado Jntento
     ponga al fin de su libro aqueste Cuento.

## [11]

### Fabula 3ª  [fol. 12 r.]

Em abraçar el uicio Comũmente
uemos nuestra sensualidad desengañarse
porq̃ iusgando del p̃ lo appariente
de aquello q̃ se puede afficionarse
5 y no mirando mas de lo prezente
quiere Con mas acuerdo captiuarsse
y anssj tiene p̃ bueno y prouechoso
solo aquello q̃ al gusto es deleitoso

Mas quando Com prudente fortaleza
10 el sensual appetito se refrena
debaxo de la muestra y Corteza
q̃ estando al parecer gustosa y buena
se halla gran fealdade y gran tristeza
colmada de mortal angustia y pena
15 y en la dulce apparencia de lo bueno
la amarga hiel se encubre y el Veneno

Como suele en la dulce primauera
qualquier laguna de agoa represada
mostrase mas florida y plasentera
20 de blanco y amarillo matisada
agradable a la uista en gran manera
quando su fflor de lexos es mirada
mas llegandoos mas cerca uereis todo
debaxo de las flores sieno y lodo

25 De aquesta arte las cosas deleitosas
q̃ el engañoso mundo nos ofresse
al parecer alegres y hermosas
tanto q̃ mas descubre y desuanese
coṅ la muestra y olor de tales cozas
30 y el q̃ dellas se seua es como el pesse
que en lo q̃ toma iunto sin recelo   [fol. 12 v.]
halla para morir el crudo anzuelo

Triste de aquel q̃ la torpeza amare
seuandosse del gusto deleitoso
35 q̃ al punto quando menos le pensare
se passara lo alegre y lo gustoso
la torpeza sera la q̃ quedare
y lo feo en lugar en lugar de lo hermoso
y lo q̃ en algun tienpo dio contento
40 uendra a ser occasion de mas tormento

Al preposito desto agora quiero
poner un breue cuento q̃ he leydo
y no lo afirmo yo por uerdadero
ni quiero en esta parte ser creydo
45 antes lo publico el autor primero
por fabula auisando q̃ es fingido
y assj lo auisso yo q̃ nadie crea
q̃ tal passo en uerdad aunq̃ lo sea

         Comiença

Ya es cosa muy notoria e muy sabida
50 q̃ en todos los estudios generales
hai una Junta noble y escogida
de uarones illustres principales
q̃ porq̃ en el collegio hazen vida
les llamamos nosotros collegales
55 son graues studiosos recogidos
en grande estima con razon tenidos

Pues un Colegeal destos q̃ yo digo
era moço gallardo bien dispuesto     [fol. 13 r.]
y de hermosas damas era amigo
60 aunq̃ era alli tenido p̃ honesto
mas hallandosse entre ellas sin testigo
no les era enfadosso ni molesto
al fin quel collegal estudiosso
tanbien era loçano y amoroso

65 Su enfermedad antiga no oluidando
uio este collegal una sñra

y de ella el gran ualor Conciderando
con iustissima causa se enamora
con cartas y mensages requestando
70 le fue el galan sin reposar un hora
rogandole q̃ del se Condoliesse
antes q̃ el fiero amor le consumiesse

La dama presumiendo de piadosa
no quiso ser en esto inexcrable
75 mas antes con repuesta muy graciosa
dio al collegal lecencia q̃ le hable
hablaronse y con platica amorosa
ya estando la señora mas tratable
le suplica el galan q̃ hasta el dia
80 le tenga alguna noche compania

A la hermosa dama le fue graue
otorgar a su amante tal demanda
mas todo buelue facil y suaue
amor si el coraçon gouierna y manda
85 y assy este traidor tuue la llaue
la aspereza mayor se torna blanda
y assy la dulce dama le responde
que lo hara mas q̃ no sabe donde  [fol. 13 v.]

Bien sabe q̃ de noche dormir fuera
90 del collego do estaua es escusado
y aunque esto de algun'arte ser pudiera
dormir en casa della es mas uedado
q̃ con menos temor se dispusiera
ir ella a su collego tan cerrado
95 sino q̃ es mucho mas difficultoso
y atreuido remedio y peligroso

Respondio el collegal que no temiesse
hazerle aquel fauor p̃ esta uia
mas porque ningun riesgo succediesse
100 la llaue del collego tomaria
y luego como el cielo escureciesse

alli a la puerta el proprio aguardaria
y con manteo y bonete disfrassada
podrá ella tener segura entrada

105 Fue el galan del concierto mui ufano
y aunq̃ no le sobrauan los reales
todauia prouo con larga mano
conseruas de las Jslas principales
proueyosse del uino soberano
110 qual lo suelen beuer los collegales
por darla colacion gustosa y buena
pues no ay alli aparejo de otra sena

y porq̃ mal ornato y aparencia
no offendiesse los ojos de su dama
115 quisso hazer agora differencia
con el pobre aposento de su cama
prestadas busco y no sin diligencia
sauanas de delgada y rica trama   [*fol. 14 r.*]
colcha de trjnta doblas excelente
120 almohadas q̃ ualen mas de uiente

Vino la dama al hora del concierto
en trage de gentil estudiante
y sin q̃ fuesse a nadie descubierto
entro hasta la celda del amante
125 [alegre verse alli en seguro puerto]
solto la agena ropa en un instante
y quedo tan hermosa descubierta
quan suele estar la cultiuada guerta

Traya de oro y perlas el tocado
130 de seda en nueuos lasos la gorguera
tan rica la camisa q̃ en su estado
la reyna otra mejor no se pusiera
y porq̃ ha de uenir a tal estado
trae el demas uestido a la ligera
135 mas tan llena de gracia y gintileza
q̃ despreciaua a toda la riquesa

Saco el buen collegal a la señora
la colacion que tiene apparejada
ruegale no le pene p̃ agora
140 quedarse alli en el lecho y encerrada
quel ha de ir a la cena antes de un hora
y q̃ alli quedaua bien guardada
forsoso porq̃ no puede sin pena
faltar del refritorio j de la sena

145 Bien pudiera quedarse libremente
fingiendo enfermedad pª este effecto
mas ue q̃ se esto haze incontinente
sera poner a riesgo su secreto
q̃ en sabiendolo toda aquella gente       [fol. 14 v.]
150 le uendra a uisitar sin mas respecto
y es mejor q̃ no falte al refitorio
y ella se quede alli en el dormitorio

En tanto de un armario q̃ alli estaua
yunto a la cabecera de la cama
155 le saca agua de olor y ruciaua
con ella la amorosa y bella dama
y mientra el blanco pecho le mojaua
el galan mucho mas de amor se inflama
uiendo el thesoro y colo de belleza
160 q̃ puzo en la hazer naturaleza

Esta redoma a su lugar tornada
saco otra mas pequeña redomilla
de excelente agua d'angeles preciada
preciada y trasendiente a marauilla
165 tanto desta de angeles se agrada
la señora q̃ estaua por pedilla
mas al armario al fin dexo tornalla
teniendo firme intento de hurtalla

Estando ellos en esto la campana
170 llamo los colegales a la sena
oyolo entonces tan de mala gana

quanto otras vezes lo oyo de buena
y dexando a su dama tan locana
se fue y cerro su puerta con gran pena
175 obscura la dexo quedando en ella
su muy resplandiciente y Clara estrella

Fue pues el colegal donde senauan
y en medio de la sena incontinente
a uno de los otros q̃ alli estauan    [fol. 15 r.]
180 lo derribo un dolor tan de repente
que ya todos p̃ muerto lo iusgauan
llego a uelle toda aquella gente
y en bracos a una Celda lo lleuaron
y alli sobre una cama lo acostaron

185 Hazen al triste enfermo beneficios
y el com maior dolor se enbrauecia
los mienbros no hazian sus officios
los ojos quasi en blanco los boluia
y la boca sacaua de sus quicios
190 echaua escumarajos no sentia
y aunq̃ lle dauan boses y llamauan
y con el santo credo le ayudauan

Al fin por estas muestras imaginan
si estaua el triste enfermo espirtado
195 y a tenello por cierto mas se inclinan
uiendo quan fiero y negro se ha tornado
la frente con el pecho le persinan
sagrada estola al cuello le han echado
atanle los pulgares con gran miedo
200 diziendo a grandes bozes Credo Credo

Con esto yuan todos tan medrosos
q̃ en el collego en todos los rincones
aun los q̃ eram mas fuertes y animosos
les parece que uian mil uisiones
205 y con tan uarios casos y espantos
y tristes y con grandes turbaciones

     todo el collejo estaua de tal suerte
     q̃ quanto alli se trata es pura muerte

     la dama q̃ en la celda reposaua          *[fol. 15 v.]*
210  q̃ ya un pequeño espacio auia dormido
     con esta turbacion q̃ alli sonaua
     y con las tristes bozes y el rujdo
     despierta sin saber adonde estaua
     y como al principio se auia temido
215  mas despidio del miedo alguna parte
     con esto se boluio de la otra parte

     Mas porq̃ començo a congoxarse
     uiendosse a escuras encerrada y sola
     quizo boluer de nouo a ruciarse
220  saco la bella mano y estendiolla
     pensando del armario sin errarse
     sacar la redomilla mas errola
     y aserto y toco a otra mui destinta
     q̃ no es de agua de olor mas es de tinta

225  Sacola por su mal la bella dama
     tomola en una mano y aparando
     la palma de la otra alli derrama
     y lo q̃ entre los dedos fue colando
     hizo grandes borrones en la cama
230  despues la mano al rostro lleuantando
     pensando q̃ era el agua rociosse
     cabeca y rostro y pecho y refrescosse

     Bien se puede pensar qual quedaria
     el rostro y las mexillas coloradas
235  y lo q̃ en tal sazon pareceria
     teniendo alli de tinta mil dedadas
     y al tienpo q̃ la tinta se esparzia
     qual paraua las tristes almohadas
     la colcha la camisa y el tocado         *[fol. 16 r.]*
240  de otra labor sin orden matisado

Quando ya el enfermo mas quieto
a su celda boluio el triste amante
todo lleno de muerte su conceto
q̃ el parecer triste lleua delante
245　su celda abrio y entro con gran secreto
mira hazia la cama y al Jnstante
uio un rostro hecho ascuras y disforme
al miedo q̃ traya mui conforme

E uiendola penso q̃ aquella era
250　inuencion del demonio y falsa trama
q̃ para mas engañalle se uiniera
en figura hermosa de su dama
y agora se mostraua aquel q̃ era
y sin ozar llegar hasia la cama
255　huye con gran pauor mil bozes dando
el collejo de nueuo alborotando

Y sucediole bien q̃ aunq̃ salicron
sintiendo su clamor con miedo estraño
alla al enfermo todos acudieron
260　sin saber a q̃ parte estaua el daño
ninguno de los otros lo entendieron
sino fue un su vezino paredaño
q̃ dio orden q̃ nadie lo sentiesse
y a su casa la dama se boluiesse

265　Hallosse el triste amante tan burlado
de auer salido en uano su alegria
teme q̃ ha de ser esto diuulgado
uiendo q̃ p̃ la tinta no queria
la ropa recebir quien la ha prestado　　[*fol. 16 v.*]
270　y el precio por Justicia le pedia
y en pena de su yerro y desuario
pagola el triste amante de uasio.

[12]

## Fabula 4ª

El mal consejo siempre se ha tornado
contra aquel q̃ lo dio mui mas dañosa
y es iusto q̃ si alguno ha mal sembrado
uenga a coger mal fruta poncoñosa
5 por esso el que sentieres ir errado
dale sano consejo y prouechoso
q̃ si le dais Consejo que no es bueno
hasle suyo el bien q̃ vuiere ageno

Algunos uiendo el proximo caido
10 no solo no le quieren dar la mano
mas de uerle en el suelo se han reydo
y burlan del como de ciego uano
y quando al ciego uen q̃ ua perdido
no le quieren mostrar camino llano
15 mas antes p̃ mas sabios se Jmaginan
si al hojo donde cayga le encaminan

El hombre afable facil y benino
q̃ al otro q̃ ua errado lo detiene
y con zelo le muestra buen camino
20 es como el q̃ la uela ardiente tiene
q̃ no se muestra graue ni mesquino
al triste q̃ a buscar la lumbre uiene
ni tiene por ofensa o pesadumbre
q̃ el otro encienda lumbre de su lumbre

25 Su lumbre todauia queda ardiente
y p̃q̃ enciendan otra no se gasta
y aunq̃ el otro ue el agua de su fuente
no haze daño a ty ni te contrasta
pues maña tan abundantemente
30 como antes a ti y al otro basta
y remediando assj la agena falta
el bien q̃ antes tenia no le falta

Si con tu hermano usares de auarencia
en redusirlo a buen conoscimento
35 y con tu falso engaño y tu malicia
del buen consejo fueres auariento
Permittirá la diuinal Justicia
para hazer en ti tal escarmiento
quel mal consejo y tu maluado engaño
40 se bueluan contra ti pª tu daño

Aquesto hallo yo todo a la clara
en un quento gentil bien ordenado
donde con artificio se declara
q̃ quien pensó burlar quedo burlado
45 bien q̃ se aqueste caso le contara
algun ingenio bien exercitado
q̃ de mejor colores pareciera
mas salga a plaça y salga como quiera

Comiença

Dos mancebos de España muy pazientes
50 q̃ siempre en estudiar se exercitaron
no siendo en sus costumbres differentes
en gran concordia y Juntos se criaron
y por poder salir mas eminentes
ambos de hun parecer determinaron
55 mouidos de codicia virtuosa
ir a la gran Bolonia tan famosa

Siguiendo el buen acuerdo se partieron
y como a la Ciudad fueron llegados [*fol. 18 r.*]
por mas authoridad se dispusieron
60 ambos pª estudiar para abogados
y iuntos entre sy se promettieron
q̃ sin q̃ fuessen ambos graduados
Ninguno pª Hispanha se partiesse
sin q̃ el otro tambien con el boluiesse

65 El uno destos moços de quien digo
era llamado Niso el otro Lento

    y era de letras Lento muy amigo
    sin occuparse en otro pensamiento
    de todo lo demas era enemigo
70  no pueden diuirtilo de su Jntento
    tanto q̃ era de todos ya tenido
    por hombre torpe y rudo y mal sabido

    En Bolonia otra calle no sabia
    sino era del estudio a su posada
75  a solo sus maestros conocia
    tratar con otra gente no le agrada
    a fiestas regozijos no salia
    por amores no solo da nada
    por esto alla Contino se le daua
80  matraca porq̃ no se enamoraua

    Lento con gran razon curaua poco
    deste comun error de uana gente
    y aunque todos le tienen ya por loco
    el era en sus estudios diferente
85  y tanto fue creciendo poco a poco
    q̃ uino a ser en leyes preminente
    y en riguroso examen fue aprouado
    y assy fue hecho en lejes licenciado        [fol. 18 v.]

    En este tiempo el compañero Niso
90  como tanto en las leyes no supiesse
    no conocio en su ingenio tanto auiso
    q̃ aun entrar en examen se atreuiesse
    y mucho menos permittio ni quiso
    q̃ Lento de Bolonia se partiesse
95  sin q̃ en examen el tambien entrasse
    y en esto la promesa le guardasse

    Pidele q̃ aguarde solo un año
    quel se dara tan buena diligencia
    q̃ al fin del no le culpen p̃ estraño
100 de conseguir la doctoral licencia
    q̃ no aura en esperallo ningun daño

pues el podra occuparse en otra sciencia
en tanto q̃ este termino le espera
sabra otra nueua sciencia plazentera

105  Por otorgar el amoroso ruego
     no dexa mucho Lento importunarse
     y parase a pensar con mas sociego
     en q̃ sciencia conuenga exercitarse
     con animo senzillo acordo luego
110  q̃ le cumple aprender a enamorarse
     p̃q̃ en conuersasion de alli adelante
     q̃ no le puedan culpar q̃ no es amante

     fue luego a las escuelas con presteza
     y a su maestro en leyes le ha Contado
115  q̃ no ira a España su naturaleza
     hasta q̃ aprenda a ser enamorado
     el buen doctor gusto de la simpleza        [*fol. 19 r.*]
     cayole en gracia el uerlo tan errado
     y p̃ le entretener como a innocente
120  promette de ensenalle breuemente

     Dixo q̃ la primera regla sea
     buscar una escogida enamorada
     bien adornada honesta y nada fea
     y q̃ ella entienda q̃ es de uos amada
125  pᵃ escogella bien y q̃ ella os uea
     ireis do mucha gente este llegada
     y quando ya Vos agrade la señora
     segilda y uella casa donde mora

     y p̃ primera licion os baste aquesto
130  y quando lo ayaes assj complido
     me bolued a hablar direos el resto
     hasta q̃ ya quedeis bien instruido
     partiosse el buen descipulo dispuesto
     para poner en obra lo aprendido
135  y dar principio a la licion primera
     la qual solo cumplio desta manera

Quando este magistrado se trataua
era el tiempo del año quando el cielo
de ymportunos nublados se ofuscaua
140 causando blanca nieue y duro yelo
y asi quando el sol claro se mostraua
la gente p̃ buscar algun consuelo
salia al ancho campo a refrescarse
pᵃ gosar del sol y recrearse

145 Lento q̃ de ir al campo no es uzado
y de tal regozijo no se cura
agora q̃ es ya nueuo enamorado
alla salio y guiolo su uentura       [fol. 19 v.]
p̃ tan dichosos passos q̃ ha hallado
150 una dama de tanta hermosura
qual bien diera p̃ ella nuestro Lento
todo lo q̃ ha aprendido con Contento

Esta dama gentil q̃ Lento uido
sino lo aueis p̃ mal era Casada
155 y era el doctor de leyes su marido
el q̃ dio la licion tan escusada
leyes enseño y leyes ha querido
dar leyes de seruir la enamorada
mas esto nuestro Lento no sabia
160 ni aun sabe si el Doctor muger tenia

Conforme la licion la fue siguiendo
supo y noto la casa donde entraua
luego se fue al Doctor q̃ esta leyendo
y espera q̃ leyera y acabara
165 llegasse a el y cuentale en saliendo
todo quanto en el campo le passara
si tan buen cobro os dais dise el maestro
uos saldreis amador perfecto y diestro

Pues la segunda regla sera agora
170 p̃ mejor descubrille y declaralle
uuestro feruiente amor a esta señora

q̃ con prudencia le rondeis la calle
hazelle cautas señas algun hora
si se offrece occasion tanbien hablalle
175 uer si se esconde o muestra alegre el gesto
y p̃ licion segunda baste aquesto

Fue Lento a lo cumplir de buena gana
y burla el buen doctor de su cuidado
y buelue a dezir a la mañana [fol. 20 r.]
180 q̃ mil vezes la calle le ha passeado
y a nadie ha uisto a puerta ni a ventana
como si nadie uuiesse alla morado
responde el buen Doctor no os peze dello
q̃ buen remedio tiene todo ello

185 Sea pues agora lecion tercera
q̃ con auiso y cauta diligencia
busqueis alguna uieja corredera
solicita sagaz y de experiencia
rogalde en uuestro amor sea tercera
190 y hable a uuestra dama con prudencia
y le pida remedio a uuestra llaga
y p̃ ello offrecelde buena paga

Conforme a esto Lento el buen amante
a una uieja hablo muy auisada
195 antiga corredera y mui bastante
y en tal officio bien exercitada
y p̃q̃ en este hecho sea constante
y ponga buen remate a su embaxada
p̃q̃ el trabajo de ambos no sea en uano
200 le puso dos escudos en la mano

Alegre y con razon la buena uieja
de uer pagar tan bien su corretage
tocas faxas gorgeras a pareja
corpinos bolças y otro gran bagage
205 y en muestra de uender su ropa uieja
piensa hallar buen fin a su mensage

fue a casa de la dama y en llegando
la uio q̃ su uentana está cerrando

    llega en occasion tan opportuna
210 ruegale habra la puerta y como entrasse   [*fol. 20 v.*]
    mostrandole su ropa la importuna
    q̃ della alguna cosa le comprasse
    ella mire las prendas una a una
    no uio cosa q̃ mas le contentasse
215 q̃ una bolça de red muj bien labrada
    de oro y blanco aljofar recamada

    Madre mia esta bolça yo holgara
    dize la bella dama de compralla
    mas uendendola uos será muy cara
220 y yo no tengo real de q̃ pagalla
    no dexeis uos p̃ esso buena cara
    dize la uieja astuta de tomalla
    no la dexeis mi alma si os agrda [*sic*]
    q̃ ya en uuestro seruicio está pagada

225 En todo esto la dama no entendia
    lo q̃ en estas palabras ua encerrado
    ruegale q̃ le diga quien auia
    la bolça a su seruicio ya pagado
    la uieja q̃ otra cosa no queria
230 p̃ ser fiel al nueuo enamorado
    todo el cuento a la dama le refiere
    pide remedio al q̃ p̃ ella muere

    No tan furiosa salta la centella
    del medio del ardiente y claro fuego
235 quanto se alboroto la dama bella
    al punto q̃ oye aquel infame iuego
    y pregunta a la uieja q̃ uio en ella
    q̃ liuiandad o q̃ desassociego
    p̃q̃ sin tal respecto se atreuiesse
240 y tan loca enbaxada le truxesse

A fe uieja maluada sino fuera [fol. 21 r.]
dar nota de una moca de mi suerte
q̃ sin misericordia te hiziera
pagar tu atreuimiento con tu muerte
245 uete de mi prezencia uieja artera
no parescas yamas do pueda uerte
sino quieres p̃ otra desculpa
poner fin a tu uida y a tu culpa

Sin replicar salio la uieja presta
250 creyendo ser nacida aquel instante
y fue mui temerosa a dar repuesta
de su mal negocio al nueuo amante
y con aquella nueua tan molesta
fue luego a su Doctor el estudiante
255 no es parte le dize tal sucesso
antes perseuera con todo esso

Que no se cae el anzina poderosa
de solo el primer golpe q̃ es herida
ni la ciudad q̃ es fuerte y populosa
260 sino es de muchas suertes combatida
assj q̃ desta suerte la hermosa
de qualquier combate no es rendida
conuiene q̃ esté firme y perseuere
aquel q̃ de su amor gosar quisiere

265 Sea la quarta regla que la calle
donde dezir q̃ uiue essa señora
boluais como primero a passealle
y hallando ocasion en algun hora
porcura cautamente de haballe
270 y aquesta p̃ lecion os baste agora
fuesse pues nuestro Lento mui contento
ganoso de cumplir su mandamiento [fol. 21 v.]

Passando por la calle do moraua
su bella y dulce dama luego uido
275 q̃ una su criadilla le llamaua

llegesse a el y dixole al oydo
q̃ su señora mucho le rogaua
p̃q̃ no duerme en casa su marido
q̃ el a echarse con ella se uiniesse
280 luego como la noche escureciesse

Atonito el buen Lento de alegria
deste alto fauor q̃ estaua oyendo
le respondio q̃ assj lo cumpliria
la merced sumamente encareciendo
285 ya q̃ tales nueuas le trahia
magnificas albricias prometiendo
y p̃ señal y prenda de cumplillas
le dio para chapines y seruillas

Alguno dudara como esto ha sido
290 esta dama embialle a su criada
auiendo con enojo respondido
antes desto a la uieja y a su enbaxada
mas quien bien lo ha mirado aura entendido
q̃ antes fue prudente y auisada
295 q̃ ya que quiere a Lento p̃ amigo
no quiere q̃ la uieja sea testigo

fue Lento con el gran plazer q̃ tiene
a dar cuenta al Doctor de todo esto
y sin mas ocasion ni acidente
300 toma el doctor escrupolo de aquesto
y ruegale al amante q̃ le Cuente
las señas de la dama y de su gesto
y q̃ uestido raca y quantas dueñas [*fol. 22 r.*]
y tanbien de la moça pide señas

305 El moço sin malicia y sin recelo
nada encubrio de quanto le pedia
tomo desto el Doctor mui mayor celo
y dize el entre si mas que seria
si a costa de mi honra este mocuelo
310 uuiesse de aprender el arte mia

y mas celo toma en auer oydo
q̃ no dormia en casa su marido

Es uzo ala en Bolonia mui guardado
q̃ la lecion de prima se leyesse
315 al alua y p̃q̃ esté mas aprestado
el Doctor semanero a quien cupiesse
y como otros negocios no occupado
q̃ dientro en las escuelas residiesse
toda la noche entera y la mañana
320 y cupole al Doctor esta semana

Con toda su congoxa sospechosa
no quiere el buen doctor determinarse
hasta uer a la clara alguna cosa
con q̃ pueda el Doctor certificarse
325 y a Lento respondio pues tan dichosa
fue uuestra buena suerte en concertarse
no es bien q̃ le falteis a uuestra dama
ni mostreis ser esquiuo a quien os ama

Jreis pues al concierto plazentero
330 quando fuere la noche escurecida
mas quiero q̃ uengais a mi primero
pᵃ saber si es cierta uuestra ida
Lento lo promettio muy de ligero
y quando ya la hora fue uenida        [*fol. 22 v.*]
335 de su concierto el moço poco diestro
primero fue auisar a su maestro

Dize el Doctor q̃ a mui buen punto fuesse
pero q̃ siendo el alua madrugasse
p̃q̃ el señor de casa se uiesse
340 dentro con su muger no le matasse
y luego en boluiendo alli uiniesse
p̃q̃ su buen çucesso le contasse
y assy se partio Lento descuidado
del caso q̃ el Doctor le tenia armado

345 Siguio el triste doctor a nuestro Lento
p̃ uerlo p̃ sus ojos donde entraua
y no le salio en uano el pensamiento
del mal q̃ ya temia y recelaua
uio con mortal angustia y descontento
350 ser a su propria casa do llamaua
uio q̃ luego en llegando le fue abierta
y uiole entrar y uio cerrar la puerta

Quedo el doctor atonito y elado
no sabe cierto si es cierto o si lo suena
355 y del dolor q̃ siente se ha quedado
assj como una fria y dura pena
y anssj llamo a su puerta denodado
y como le sentio su buena duena
en el llamar le ha reconocido
360 manda mui presto abrir a su marido

Auia el dia en antes hecho colada
de mucha ropa en casa del celoso
y aun no estaua la ropa enxugada
p̃ auer sido el dia mui lluuioso
365 pues con toda esta ropa amontonada     [*fol. 23 r.*]
cubrio la dama el moço temeroso
y estando assj el galan en cobro puesto
entro el Doctor con demudado gesto

y buelue de su cama los colchones
370 miro mui bien debaxo de la cama
aca y alla p̃ todos los rincones
abrio cofres y arcas de la dama
no halla el causador de sus passiones
desto Como acossado toro brama
375 y uiendole su esposa qual andaua
con desden le pregunta q̃ buscaua

Yo busco mala hembra uuestra muerte
que de aquel galan q̃ aueis metido
ella le respondio con pecho fuerte

380 bendito Dios q̃ a esto somos uenido
    q̃ a una moça noble de mi suerte
    diga tan grande afrenta su marido
    a un bien señor que tengo aqui comigo
    quien de mi honestidad sera testigo

385 En todo aqueste barrio esta ya hecha
    prueua de mi bondad j mi limpeza
    y solo uos teneis de mi sospecha
    q̃ yo os acomettiesse tal baxeza
    mas p̃q̃ quede toda mui desecha
390 uuestra falsa opinion con la certeza
    bolued buscad la casa muj a posta
    y si alguno hallardes sea a mi costa

    El buen doctor confuso y admirado
    entre si maldiziendo su uentura
395 tiene p̃ caso estraño y no pensado
    serle cosa tan clara tan obscura                [fol. 23 v.]
    y mas le ha su muger desatinado
    en uer su libertad y gran soltura
    y sin mas aguarda otras nouelas
400 se buelue pensatiuo a las escuelas

    Como salio da casa el buen marido
    luego a la puerta fue la llaue echada
    y el uenturoso amante q̃ ha sufrido
    el gran pezo de toda la colada
405 salio y dello mui largo han reydo
    de uer la burla bien encaminada
    y assy tuuieron fiesta y alegria
    hasta sentir q̃ el alua ya seria

    Entonces con expreso mandamiento
410 q̃ la noche siguiente ally boluiesse
    alegre se despide nuestro Lento
    y antes q̃ a su posada se uiniesse
    fue contar al Doctor el dulce cuento
    y como de su mal tan duro oyesse

415 le respondio dexemos esso agora
    q̃ uo a leer q̃ hes dada ya la hora

    lejendo en la catherda estaua
    no sabe si es el cielo si es la tierra
    mil vezes se transporta y se elaua
420 ninguna cosa acierta en todo yerra
    los titulos y leyes trastrocaua
    p̃ titulos de paz alega guerra
    y p̃ dezir la yglezia y siminterios
    alega el buen doctor los adulterios

425 Turbados los oyentes se admiraron
    de uer ansj al Doctor tan differente
    y de todos de un acuerdo sospecharon      [*fol. 24 r.*]
    q̃ de alguna passion estaua doliente
    y sin mas aguardar se leuantaron
430 p̃q̃ no uenga a mas el accidente
    y el Doctor q̃ otra cosa no desea
    le ruegan q̃ repose y q̃ no lea

    Puso todo aquel dia el desdichado
    en pensar como auia de uengarsse
435 acuerda siendo noche bien armado
    en trage de galan dissimularsse
    y en un casar q̃ estaua derribado
    enfrente de su casa ua a encerrarse
    p̃q̃ pueda prender desta manera
440 al bitre si boluiere a la buitrera

    Como fue noche el uenturoso amante
    fue mui alegre a casa de su dama
    y no uiendo persona q̃ le espante
    llega seguro y a la puerta llama
445 abriole la señora y al instante
    el Doctor q̃ miraua aquella trama
    desdel casar currio con furia braua
    hasta su puerta q̃ ya se cerraua

la dama q̃ sentio q̃ es su marido
450 mata el candil y assi el enamorado
abrio la puerta con grande ruido
y entrando el buen doctor p̃ otro lado
echo fuera el galan sin ser sentido
y ella con su marido se ha abrasado
455 y aunq̃ el p̃ desasirse forcejaua
ella con maior fuerça le apretaua

Comiença a dar bozes desde a poco
aqui del rej aqui del rej uezinos [*fol. 24 v.*]
bolued a mi marido q̃ esta loco
460 q̃ dize y haze aqui mil desatinos
llegosse mucha gente poco a poco
oyendo los clamores repentinos
y en uer al buen doctor de tal manera
pensaron q̃ es locura uerdadera

465 Viendole cota casco espada en mano
tan estranha y profana uestidura
y uisto su furor tienen p̃ llano
q̃ es aquella furia de locura
entonces sobreuino alli un hermano
470 de la señora el qual con gran soltura
p̃ dar remedio a tal malencolia
quito al Doctor la espada q̃ traya

Asiole entranbas manos presuroso
p̃ mas q̃ se definden se las ata
475 y como a frenetico furiosso
de ueras si estuuiera assy le trata
y aunq̃ es doctor en lejes tan famoso
poco respecto y como amor le cata
el pobre q̃ lo siente a par de muerte
480 de su muger se quexa desta suerte

Mala muger no basta q̃ en mi frente
has leuantado intolerable pezo
sino q̃ aun en prezencia desta gente

ozas dezir q̃ estoi fuera de sezo
485 y siendo tu maldad tan euidente
quien sufre q̃ sea yo sin culpa prezo
y uiendo yo p̃ loco a ser tratado
teniendo tu el adultero encerrado

Todos por solo aquesto q̃ han oydo [*fol. 25 r.*]
490 dizen q̃ es la locura manifesta
q̃ siempre a la señora han conocido
p̃ matrona castisima y honesta
diziendo q̃ es traicion quanto ha fingido
no quiso a su marido dar repuesta
495 mas ruegale a su hermano q̃ buscasse
la casa y su bomdad manifestasse

Con el hermano algunos se Juntaron
y a la lumbre de una hacha q̃ encendieron
la casa todos iuntos remiraron
500 y aunq̃ mui diligentes anduuieron
ninguno hombre escondido ellos hallaron
sin mas pensar en ello concluyeron
ser esta una mortal melancolia
q̃ al triste del doctor se le offrecia

505 Fue el medico llamado el qual ordena
q̃ assj como está a todo se acostasse
y q̃ echen mas al pobre una cadena
p̃q̃ estando apremiado assocegasse
la comida le quiten p̃q̃ es buena
510 hasta q̃ aquella furia se passasse
y sino basta aquello asocegallo
dizen q̃ curan p̃ fuerça de assetallo

Suposse en las escuelas do leya
q̃ estaua el Doctor loco y mui perdido
515 y entre todos p̃ cierto se dezia
diziendo q̃ lo auian ya sentido
y acurdan de illo a uer en compañia
teniendolo p̃ caso mui Crejdo

        y creyendo estar loco assi con esto
520  uan dando uarios sentidos de lo cierto    [*fol. 25 v.*]

        yendolo a uer con Lento se encontraron
        q̃ no sabe el doctor estar doliente
        y como el mal q̃ tiene le Contaron
        quiso illo a uer con toda aquella gente
525  y quando Juntos en su casa entraron
        y reconoce a Lento claramente
        q̃ el fue q̃ en en tales terminos le puso
        no menos quel Doctor q̃do confuso

        llegosse toda aquella compañia
530  adonde estaua el enfermo en la cama
        y desta suerte Lento le dezia
        muj gran dolor me ha dado uuestra pena
        major me la dio a mi uuestra alegria
        le respondio el Doctor mas bien se ordena
535  q̃ desta suerte quede yo pagado
        auiendoos a mi costa doctrinado

        Mui bien estas palabras han oydo
        quantos estauan alli en su aposento
        mas solos tres las han bien entendido
540  la dama y el Doctor y nuestro Lento
        el qual aunq̃ en el alma lo ha sentido
        partiesse de Bolonia descontento
        y tal effecto hizo con su ausencia
        q̃ mejoro el doctor en su dolencia.

### [13]

        Fabula 5ª                 [*fol. 26 r.*]

Damas si por uentura aueis leydo
con atencion la fabula passada
aureis en ella uisto e entendido
en quanto riesgo anduuo la Casada

5    q̃ no guardo la fe a su buen marido
     y p̃ mas q̃ fue cauta y auisada
     uistes q̃ estuuo a punto de ser muerta
     o a lo menos desamada o descubierta

     Creedme pues q̃ ariesgo semejante
10   anda qualquier dama q̃ se atreue
     a dar oydo al imp̃tuno amante
     y a piedad deshonesta se comueue
     y puesto q̃ presuma de constante
     y q̃ yamas hara lo q̃ no deue
15   gran yerro es quando a platica se pone
     pues a euidente yerro se dispone

     Gran culpa es del alcayde q̃ Consiente
     q̃ entre en la fortaleza su enemigo
     o quando dende el muro blandamente
20   tiene con el sus tratos como amigo
     questo es senal q̃ daño de la gente
     despues uendra a hablalle sin testigo
     y de poca uendrá a mayor uilleza
     q̃ es dar y entregar la fortaleza

25   Algunas damas hay q̃ traen p̃ gala
     p̃ ser su entretinimiento y desenfado
     hazer penar a muchos a la iguala
     traer desuanecido al requebrado
     y en uiendo su intencion q̃ es torpe y mala
30   dexarllo con su burla engañado
     pues yo las desengaño a todas estas
     q̃ en esto no se tengan p̃ honestas         [fol. 26 v.]

     Recebir del amante caros dones
     y el burlar no es cosa q̃ da gloria
35   el huyr y euitar las occasiones
     es trunfo sierto y de major vitoria
     q̃ el triste q̃ sufrio tales baldones
     se ha de uengar y es cosa mui notoria
     y lleuallo peor la burladora
40   conforme al cuento q̃ oyreis agora

Badajos pueblo antigo y conoscido
en la fertil y noble estremadura
anduuo un tiempo en uandos diuididos
y aun agora se dan a tal locura
45  el uando fuerte q̃ ha preualecido
se ha Conseruado y hasta agora dura
uuo otros q̃ menor poder tuuieron
q̃ al fin como otras cosas perecieron

Cabeca era de vando antigamente
50  dos linages de gentes q̃ alli estauan
los unos se llamauan de la Fuente
los otros de la Peña se nonbrauan
y aunq̃ no ay rastro dellos al presente
entonces eran fuertes y triunphauan
55  pues un hidalgo destos de la Peña
casado era con esta illustre dueña

la dama p̃ estremo era hermoza
y no menos honesta q̃ encerrada
tenida p̃ prudente y valerosa
60  y como tal de todos mui loada
esta señora illustre y generosa
Jsabela p̃ nombre era llamada
y consigo una mocuela tenia       [*fol. 27 r.*]
q̃ p̃ nonbre Marina se dezia

65  En esta misma calle mui frontero
ado la casa de la dama estaua
uiuia a la sazon un cauallero
q̃ Alberto de la Fuente se llamaua
el qual la casa della p̃ entero
70  desde un alto balcon señoreaua
q̃ aun desde alli podria descubrirse
la dama al desnudarse y al uestirse

Viendo a la bella dama nuestro Alberto
su clara y sobrehumana hermosura
75  cada hora y cada punto al descubierto

sin gala y sin afeite y sin blandura
quedo p̃ sus amores prezo y muerto
y esto tiene por grande desuentura
uer q̃ ha de ser p̃ fuersa aborrecido
80 pues del uando contrario es su marido

Para amansar su guerra tan contina
parecele remedio conuiniente
ganar primero gracia con Marina
y a esta descubrille el mal q̃ siente
85 p̃q̃ ella basta a dalle medecina
si quiere ser fiel y diligente
pues buscando occasion al fin hallola
y hallada la occasion al fin hablola

Marina aunq̃ al principio se ha escusado
90 pero despues con dadiuas uencida
promete q̃ conforme a su mandado
remedio pedira pera su uida
y assi lo hizo mas la dama ha dado           [fol. 27 v.]
repuesta mui cruel y desabrida
95 q̃ no se atreua mas de aqui adelente
a hablalle en negocio semejante

Boluio a rogar Marina a su señora
q̃ quiera del amante condolierse
que la importuna y sigue cada hora
100 y del no sabe como defenderse
la dama sahareña y burladora
al fin se determina p̃ no uerse
importunada mas de alli en delante
hazer alguna burla al buen amante

105 Y assi le respondio q̃ se boluiesse
a hablalle sobre esto aquel moçuelo
le diga q̃ hara lo q̃ quisiere
si una saya le da de terciopelo
la moça q̃ otra cosa no se quiere
110 oyendo estas palabras de Consuelo

no aguarda q̃ el uiniesse a importunalle
antes ella primero fue a buscalle

El q̃ merced tan alta no esperaua
responde q̃ es aquello poca cosa
115 respecto de lo mucho q̃ el pensaua
seruir tan alta dama y tan hermosa
y pᵃ aquel effecto le entregaua
una pieça de tela artificiosa
de un rico terciopelo Damascada
120 de colorada purpura labrada

La buena moça presta y diligente
boluio a dalle las gracias otro dia
da par de su ama del presente     [fol. 28 r.]
y a dezir q̃ sin falta buscaria
125 pᵃ agradalle un tiempo Conueniente
y de ello a la sazon auisaria
y assi quedo el galan con esperança
de ir a gosar tan dulce y buena andança

Pᵃ salir la dama con su intento
130 finge q̃ un dolor supito le ha dado
q̃ la causa grauissimo tormento
dentro del pecho en el siniestro lado
y dize desuarios mas de ciento
el marido de aquesto descuidado
135 los mas famosos medicos le llama
q̃ uengan a curar la bella dama

Viendo q̃ no mejora ni aprouecha
con todas las unciones q̃ le han puesto
tienen de su salud mala sospecha
140 ella con triste y desmayado gesto
demanda q̃ su cama le sea hecha
donde nadie le uenga a ser molesta
alla en un aposento algo apartado
q̃ en un uerde Jardin está labrado

145 El aire del Jardin y su frescura
    dize q̃ basta a dalle mejoria
    y dara gran aliuio a su tristura
    durmiendo un tiempo alli sin compañia
    teniendo pues la estancia tan segura
150 a su moça llamo con alegria
    q̃ lleuasse estas nueuas a su Alberto
    p̃q̃ a la noche uenga p̃ el guerto

    Quando el galan entiende q̃ es ya hora    [fol. 28 v.]
    entra p̃ la pared y fue do estaua
155 su uenida esperando la señora
    y ella haziendo muestras q̃ lo amaua
    con arte le regala y enamora
    y enciende mucho mas de lo q̃ estaua
    quisiera Alberto ir acostarse luego
160 y ella dise q̃ tenga algun sociego

    De a uelle mil unguentos aplicado
    un cierto olor molesto y mui estraño
    de cosas de botica le ha quedado
    y no se acostara sin darse un baño
165 el qual tiene pᵃ ello aparejado
    pues q̃ la noche es larga como un año
    y aun quiere pues no es cosa q̃ le dañe
    q̃ sea el el primero q̃ se bañe

    Colgado alli una sauana tenia
170 q̃ ataja un buen pedaco Conuiniente
    y alli detraz esta una gran bacia
    llena de agua odorifera callente
    desnudasse el galan con alegria
    y entrasse a bañar seguramente
175 la ropa del galan la dama graue
    en su arca la metio y echo la llaue

    Luego quita el aldaua de la puerta
    y metesse debaxo de la cama
    y alli da tantas bozes q̃ despierta

180 luego al marido y a su gente llama
    fue tanto el alboroto y la rehierta
    que se causo a las bozes de la dama
    que todos los del uando bien armados     [fol. 29 r.]
    fueron en un momento alli Juntados

185 Henchiosee pues la casa en un momento
    de aquellos del linage de la Penha
    y uienen atinando al aposento
    donde está la hermosa y casta dueña
    entraron con ruido mas de ciento
190 y en uiendolos la dama sahareña
    leuanta hasta el cielo los clamores
    diziendo q̃ me matan los traydores

    Viendosse neste aprieto el triste Alberto
    sin armas y desnudo alli metido
195 y conociendo bien como era cierto
    sus enemigos ser los q̃ han uenido
    el mismo se iusgaua ya p̃ muerto
    y cierto q̃ si fuera alli sentido
    ninguna humana fuerca le bastara
200 pª que de la muerte le escapara

    El fue en solo una casa venturoso
    q̃ aunq̃ alli tantos honbres han entrado
    ninguno fue de todos tan curioso
    q̃ la sauana uuiesse leuantado
205 mas el con iusta causa temeroso
    como estuuiesse en carnes y mojado
    y como el agua ya se resfriasse
    no pudo estar q̃ no se desmayasse

    Todos pues como digo caminaron
210 ado la dama esta las bozes dando
    hallandola desta arte sospecharon
    q̃ con la fiebre está desuariando
    de aquel lugar p̃ fuerca la sacaron     [fol. 29 v.]
    y ninguna otra cosa imaginando

215 el alboroto en riza conuirtieron
    dexandola sola se salieron

    Ella cerro su puerta y luego fuesse
    ado hallo el amante sin sentido
    y p̃q̃ alli del todo no muriesse
220 a su cama consigo lo ha traido
    y el como dende a poco en si boluiesse
    pide su ropa y luego sa ha uestido
    saliesse por do entrado auia primero
    aunq̃ ya no tan suelto ni ligero

225 Este fue un hombre tal y tan constante
    q̃ aunque la dama uio ya su tercera
    no les boluio a hablar de alli adelante
    mas q̃ si nunca uisto las uuiera
    y siempre les mostro tan buen semblante
230 como si aquella burla no sintiera
    y ellas si alguna uez en el hablauan
    de uer tal estraneza se espantauan

    Desta arte algunos mezes se passaron
    sin auer nouedad en estas cosas
235 hasta q̃ aquellos bandos se amansaron
    p̃ medios de personas religiosas
    y el furor desta gente apassiguaron
    assentando amistades prouechosas
    con esto ya los Peñas y los Fuentes
240 no estauan en sus bandos differentes

    Mil vezes entra Alberto de la Fuente
    en casa del marido de su dama
    y ella en su Corason gran pena siente [fol. 30 r.]
    de no auer rastro de la antiga llama
245 y como la muger es impaciente
    y aborrece y desdana a quien le ama
    y ama y desea aquel q̃ no la quiere
    uiendo q̃ Alberto calla p̃ el muere

Como la dama ue q̃ assi está' gora
250  dentro en su misma casa a la contina
del q̃ dantes desdañaua se enamora
y pues no haj otro remedio determina
quel renouado amor tambien agora
lo trate la solicita Marina
255  y de su parte ruega q̃ lle hable
al galan q̃ le es ya tan agradable

Hablo la buena moça con Alberto
y el finge gran plazer con la embaxada
mas luego le demando p̃ concierto
260  q̃ la señora uenga a su posada
la moça dize q̃ esto sera cierto
quando alguna occasion fuera hallada
con q̃ falte de casa el buen marido
y sea toda la noche detenido

265  Responde Alberto q̃ esta es buena uia
p̃q̃ la dama uenga mas segura
y el q̃ pᵃ este effecto ordenaria
fuera de la ciudad una holgura
q̃ a todos sus amigos lleuaria
270  a una heredad de singular frescura
y q̃ tambien conforme a su mandado
sera alla el señor Peña conbidado

Con dados y con otros qualquier iuegos    [fol. 30 v.]
lo detendran alla la noche entera
275  como no les perturbe su sociego
con esto la moçuela plazentera
despidiosse del Alberto y fuesse luego
a la hermosa dama q̃ la espera
la qual de muerte a biua se despierta
280  en uer quan bien su amor se le Concierta

Alberto a un grande amigo q̃ tenia
dio cuenta deste echo q̃ el ordena
y sin dizille el fin q̃ pretendia

le ruega q̃ concierte aquella sena
285 el respondio q̃ ansy lo cunpliria
y no tendra la fiesta p̃ agena
y assj luego el conbite apparejaron
y a Peña y a los otros conbidaron

La dama q̃ uio auzente a su marido
290 y sabe q̃ su Alberto lo procura
luego sin mas tardança se ha uestido
de una nueua y mui rica uestidura
y fue a cumplir el plazo prometido
y el con grandes regalos y blandura
295 alegre recebio a la dama bella
y en una sala baxa entro con ella

y en una cama q̃ en la sala estaua
a la dama rogo q̃ se acostasse
en tanto q̃ el su casa uizitaua
300 hasta q̃ ya su gente repossasse
ella q̃ ningun daño recelaua
sin q̃ mucho el gala la imp̃tunasse
de todos sus uestidos despozosse
y abrio la blanda cama cama y acostosse   [fol. 31 r.]

305 Al mismo punto Alberto de la Fuente
tomo sin q̃ la dama lo sintiera
toda la ropa mui secretamente
y en un secreto cofre las escondiera
y como quien cumplia con su gente
310 cerro mui bien la sala p̃ de fuera
y dexando encerrada alli la dama
el subio y acostosse en otra cama

La dama sola escura y encerrada
como ue q̃ su amado no uenia
315 estuuo temerosa y congoxada
sin saber ni entender lo q̃ haria
hasta q̃ p̃ la puerta aunq̃ encerrada
uio entrar la claridad del nueuo dia

y assi con temor la bella dama
320 salto mui prestmente de la Cama

Ve q̃ es hora y aun tarde pᵃ irse
siente q̃ ya la gente esta despierta
su ropa no hallo pᵃ uestirse
halla q̃ como un muro esta la puerta
325 con gran dolor comiença a maldezirse
y bueluesse a la cama medio muerta
creyendo q̃ aun alli no esta segura
y espera el fin de aquesta desuentura

El desdañado Alberto de su pecho
330 no se auia perdido ni borrado
la burla q̃ la dama le auia echo
y estando de su amor tan confiado
y p̃q̃ agora quede satisfecho
y desta iniuria a su plazer uengado     [*fol. 31 v.*]
335 sin ir a uer la dama ni hablalle
assentosse a la puerta de la calle

Vio luego dende a poco al buen marido
de la hermosa dama q̃ boluia
de la holgura adonde le han tenido
340 con iuegos occupado hasta el dia
el qual le pregunto como no ha ido
con la otra generosa compañia
q̃ todos en la guerta do han estado
mil uezes lo han nombrado y deseado

345 Alberto le responde mui Contento
q̃ el quisiera auer ido a tal holgura
mas q̃ tuuo un forcoso impedimento
que ha sido para el demas dulçura
pues si a mi no me engaña el pensamiento
350 tengo p̃ disparate y cosa dura
pensar q̃ la occasion q̃ os ha ocupado
en soledad la uuiessedes passado

       Bien dezis le responde nuestro Alberto
       q̃ me occupo una dama tanto bella
355    q̃ el mas imp̃tantissimo Consierto
       fuera iusto oluidar p̃ solo ella
       y p̃q̃ le tengais assj p̃ sierto
       yo quiero q̃ uengais comigo a uella
       p̃q̃ si alla me han puesto alguna culpa
360    seais testigo uos de mi desculpa

       Y con esto a la sala lo ha traido
       do su muger está y abrio la puerta
       ella en la uoz conoce a su marido
       y en uerse alli quedo sin fuerca y muerta    [*fol. 32 r.*]
365    debaxo de la ropa se ha metido
       con temor de ser uista y descubierta
       llegaron pues los dos al pies del lecho
       do estaua la señora a su despecho

       Alberto engrandecia y alabaua
370    la hermosura estraña y peregrina
       y a la encarnada rosa la igualaua
       q̃ no naturalmente lleua espina
       y assi llego a la cama donde estaua
       y corrio con la dama la cortina
375    y un poco de la ropa leuantando
       el thesoro escondido fue mostrando

       Mostro unos pies de tanta hermosura
       no menos q̃ alabastro de oriente
       q̃ en su singular gracia y echura
380    de menos de un artefice excelente
       y mucho mas excedia su blancura
       que al color del comilloso diente
       y el andar era indigno officio dellos
       segun eran con tanta gracia bellos

385    Alsando un poco mas se descubrian
       dos piernas luego alli de tal manera
       q̃ labradas al torno parecian

```
         y las iusgara ser el que las uiera
         p̃ la blancura y gracia q̃ tenia
    390  dos cirios de perfecta y blanca sera
         gorditas cortas lisas y derechas
         con gentil propocion y gracia echas

         Ansi le fue mostrando poco a poco
         los miembros de la dama y no la cara      [fol. 32 v.]
    395  Peña de uellos se tornaria loco
         y ruegale q̃ el rostro le mostrara
         Alberto respondio q̃ desde a poco
         el se la dara a uer mui a la clara
         y q̃ pues tanto mostra q̃ le agrada
    400  se la embiara mui presto a su posada

         Tomolo p̃ donaire el señor Peña
         y con esto a la puerta se boluieron
         sentaronse de espacio en una peña
         y alli otros uezinos concurrieron
    405  llamo entonces Alberto a una su dueña
         y passo q̃ los otros no lo oyeron
         la mando q̃ a la dama leuantasse
         y p̃ la puerta falsa le lleuasse

         Mandole q̃ sus ropas le boluiesse
    410  pero la rica saya q̃ traya
         esta sola mando q̃ no le diesse
         q̃ el pᵃ si guardada la tenia
         y q̃ esperança della no tuuiesse
         p̃q̃ en reconpuensa la queria
    415  de aquella q̃ primero le auia dado
         pᵃ quedar del todo bien pagado.
```

                    [14]                [fol. 33 r.]

Pintasse em hũa praya do mar de hũa parte Hum Tritão feo, E da Outra hũa fermoza Serea, que procuram trazer a terra hũa rede q̃

tem lancada, pello meo da qual rompendo a malha saye E foge hum
pexe Voador E por titulo esta letra.

    Judite nune alios.

  A rede que no mar attento espalha
  De hũa parte o Tritão de outra a Serea
  Trazella á praya cada qual trabalha
  E no gosto da presa se recrea .
  Mas hum pexe Voador rompendo a malha
  dos enredos subtijs se desenlea
  Carne ficay, ficay imigo humano
  Enganay outros que eu me desengano.

    [15]

    Pregunta       [fol. 33 v.]

  Arden Tyrse igualmente y Galatea
  Mas arden en secreto
  manifestar su affeto
  ygualmente cada Vno lo dessea
5 Tyrse teme perder su companhia
  si el affeto descubre
  Galatea de honesta se lo encubre
  Pergunte a Amor a su philosophia
  qual destos puede mas seguramente
10 Descobrir lo que siente.

    [16]

    Respuesta

  En la escuela ado Amor es Presidente
  la bella madre esta question propuzo
  Recelo (que defiende) está confuso
  Mas contra Galatea al fin consiente

5   Verguença d'otra Escuela differente
    Contra Recelo a disputar se oppuso
    Viendo Amor el processo tan diffuso
    En esta forma Exprime lo que siente

    A Tyrse en l'alma su secreto quede
10  A Galatea honestidad no inpida
    Pues Va Tyrse a perder y a ganar ella

    No hay en amor honestidad perdida
    Ganarse ella y ganalle y Tyse puede
    perderse (descrubriendole) y perdella.

## [17]

### Mote [fol. 34 r.]

Fruito que aues não puderam
colher de planta tão alta
minhas proprias mãos Colherão
que seus Ramos se abateram
5   por suprirem minha falta.

### Gloza

Num Valle florido E Verde
Hũa aruore se leuanta
tão alto que nos espanta
E nunqua seu fruito perde
10  Meus olhos lhe offerecerão
o dezeio por tam bella
E pude en fim colher della
fruito que aues não puderam

Aues que os ares cortauão
15  E as nuues altas sobião
deste fruito não colhião
que muito abaixo ficauão

Mas como a Amor nada falta
E tudo o mais alto humilha
20 fesme por gram marauilha
colher da Planta tão alta

E foi esta para my
hũa a Ventura tamanha
que por noua E por estranha
25 comigo a desconheci
Cuidei que sonhos ma deram
E que Era cousa fingida
mas bem de que se duuida
minhas proprias mãos colheram

30 O doce E suaue fruito
a uista bello E fermozo
a quem o proua gostozo
se pudera durar muito
E se ouue mãos que puderam
35 colhelo de tanta altura
foy por estranha Ventura
q̃ seus ramos se abateram

Porque Era couza tam rara
poder chegar a Colhello
40 quanto o fruito raro E bello
E a caida Certa E Clara
Mas Vendo planta tam alta
que estaua Em tantas afrontas
deram seus ramos das pontas
45 por suprirem minha falta.

[18]

Carta                    [fol. 34 v.]

Porque no os canse una uida
que a mi me cansa tenella
disponed señora della

que siendo por uos perdida
5 no dara para perdella

y sacareis de su assiento
este Coraçon fiel
a darle nueuo tormento
pero dad solo contento
10 no os lastimeis en el

y si teneis por grandeza
ser braua con un rendido
conforme a uuestra dureza
buscad alguna estrañeza
15 de tormento nunca oydo

y pues que mi fe no alcansa
que bien ninguno me dais
ni de tal tengo esperança
dadme males sin tardança
20 si males darme quereis

Aunque uiendo lo que passa
y quando desdichado he sido
esto pedire conta tassa
que aun del mal sereis escassa
25 solo p̃que yo lo pido

y no es bien que lo seais
sino os ofende acabarme
aunque segun me tratais
pienso que no me acabais
30 por gustar de atormentarme [*fol. 35 r.*]

y si en esso hallais gusto
yo del uuestro lo tendre
que no consienta mi fe
que se acabe mi desgusto
35 pᵃ q̃ a uos le de

y aunque ser tan obediente
  de nada me ha de seruir
  muriendo quiero uiuir
  solo p̃ ueros presente
40 alegre a me destruir

  Con esse pecho de azero
  abrazareis noche y dia
  el coracon con que os quiero
  y sereis comigo Nero
45 que de nada se dolia

  y aunque es exessiuo el mal
  y rabioso el sentimento
  en fe de seros leal
  quisiera ser immortal
50 pa daros mas contento

  y ansi en tanto que uiuiere
  tendre por gloria la pena
  que de uuestra mano fuera
  pues amor ordena y quiere
55 que la tenga por tan buena

  y teniendo mi tormento
  como lo tengo por gloria
  me la dara el sentimento
  y ansi saldre con uitoria
60 a pezar de uuestro Jntento.

### [19]

Soneto que se fez na Corte     [*fol. 35 v.*]

Señor no se despacha pertendiente
el turco baxa el frances se altera
quema tus puertas con audacia fiera
el poderoso imigo en Ocidente

5 Armada no parece falta gente
que sulque el mar y empare tu frontera
en palacio no hay blanca y paga espera
el rico pobre el sano y el doliente

Tu magestad lo uea y de la traça
10 que al prouido remedio mas importe
que mi uegez amarga en llanto la resueluo

Denme caualhos salga el duque a caça
corranme toros mudesse la Corte
y digan a la Reyna que ya bueluo.


[20]

Soneto uendo a essa. del rey Phelippe
em Seuilha

Voto a Dios que me admira esta grandeça
y que diera un doblon por descreuilla
Pero a quien no suspende y marauilla
esta machina insigne esta belleça

5 Por Jesu Christo biuo cada pieça
uale mas de un millon y que es manzilla
que no dure un gran siglo O gran Seuilla
Roma triumphante em animo y en nobleça

Apostare que el animo del muerto
10 por gosar deste sitio haya dexado
el uelo en que biue eternamente

Oyolo un balenton y dixo es cierto
lo que dize buerced señor soldado
y quien dissiere lo contrario miente

15 y luego encontinente calo el sombrero remiro
la espada miro hazia traz escupio fuesse y no uuo nada.

## [21]

### Soneto  [fol. 36 r.]

Si mil uidas tubiera que entergaros
uuestras fueron diuina prenda mia
y todo el oro que el Arabia cria
tener quisiera para solo daros

5 Argos quisiera ser para miraros
Orpheo para daros alegria
sol para alumbraros noche y dia
ambar y uiento p$^a$ regalaros

Abril quisiera ser p$^a$ uestiros
10 amor quisiera ser p$^a$ quereros
yedra quisiera ser p$^a$ señiros

Muralla p$^a$ solo defenderos
señor quisiera ser para seruiros
y Rey quisiera ser para obedeseros.

## [22]

### Soneto

Mi alma y tu beldad se despozaron
terceros por mi mal mis ojos fueron
y tanto se quisieron que tubieron
un dulce hijo a quien Amor llamaron

5 y tanto sin compaz le regalaron
que sin sentir el mal q̃ le hizieron
quando de si seguros estubieron
perdido por amores la hallaron

Amo la mas nefanda deste suelo
10 nacio dellos un monstro con dos hazes
es la madre la embidia el hijo el celo

O hijo que a tu madre en todo aplazes
porque mortal al immortal abuelo
y al padre que es mortal immortal hazes.

[23]

Soneto [fol. 36 v.]

Entre as nuues se esconde o pensamento
corrido de se uer qual eu me ui
E pella gloria antiga que perdi
me deixa oje na pena o sentimento

5 Armei redes no ar ao leue uento
na area semeei na agoa escreui
ediffiquei na Jdea o que não cri
que mal se deixa crer Contentamento

Pensamento cruel deixame em paz
10 que não querem meus males q̃ te crea
a quem os não souber teus bens publica

Que eu bem sei quem de ti mais conta faz
no ar narea na agoa na Jdea
arma semea escreuo e ediffiqua.

[24]

Soneto

Que es esto Dios de amor que ya no uales
las damas dizen que obras son amores
y ya no quieren gracias ni primores
sino buenas prendas y reales

5 Rendieronse al amor de tres metales
com plata y oro tiran las maiores
y tiran con el cobre las menores
que todas ellas son Jnteressales

Bien puede cometerse sin recelo
10 con un hermoso tiro de moneda
la mas dura muger de las del suelo

y si algun resabio en ellas queda
con un ropon de razo o terciopello
las torna Amor mas blandad q̃ la seda

## [25]

No anno de 16 [...] compos hum Poeta  [*fol 37 r.*]
em Madrid a Oitaua seguinte e acabando de compor o derradrº
Versso morreo subito tendosse confessado o mismo dia.

Larga cuenta q̃ dar de tiempo largo
termino breue transito forcoso
terrible tribunal Juizio amargo
aun a los mismos Santos espantoso
5 Muchas las culpas debil el descarguo
recto el Joes entonces riguroso
punto en q̃ se Va gozar de Dios eterno
o penar para siempre en el infierno.

### [Glosa]

Que sientes Alma mia q̃ me Voy
10 de quien te Vas de ti q̃ me has carguado
quando deues partirte el dia d'oy
tan presto si tan presto q̃ es forçado
Estas alegre o triste todo estoy
alegre de q̃ de te auer dexado
15 triste de q̃ de Ver q̃ tenguo a carguo
largua cuenta q̃ dar de tiempo larguo

largua cuenta de q̃ de mi malicia
del tiempo larguo qual el q̃ biui
tras este qual Vendra el de justiçia
20 cuya del alto Dios q̃ ofendi
quien te condena assi mi iniustiçia

donde te Vino de morar en ti
ay otro mal ay tres premio dubdoso
termino breue transito forçoso

25 Termino breue de q̃ de la Vida
qual transito forçoso de la muerte
que tienes oy mas serqua la partida
p̃q̃ porq̃ lo quiere ansi mi suerte
que temes mas aqui uerme perdida
30 perdida p̃que por obedeçerte
que mal te cause tres castiguo largo
terrible tribunal y Juizio amargo

Terrible tribunal de quien de Dios
y q̃ Juizio amarguo de mis males
35 q̃ passo ay tras este Vno dedos
qual es el primer bienes eternales
el otro en el infierno penna atros
dada por quien p̃ furias infernales
con crueldad con Vn furor rabioso
40 aun a los mismos Santos espantoso

A los Santos porq̃ porq̃ lo son
si santos son q̃ temen su castigo     [*fol. 37 v.*]
q̃ castigo de su imperfection
no dizes q̃ son santos yo si digo
45 pues quien los culpa propria estimacion
y quien los iusga iusganse consigo
q̃ mal allan en si tres gran encargo
muchas las culpas debil el descargo

y q̃ muchas las culpas las q̃ an cometido
50 debil descargo a q̃ acometerlas
Dios q̃ castiga no ser el querido
mui mucho mas q̃ hombres oro y perlas
q̃ penas da no ser el possuido
q̃ premios da tenerlo y no tenerlas
55 pues q̃ se teme dia presuroso
recto el Joes entonçes riguroso

Recto el Joes en q̃ en el jusgar
y reguroso en q̃ en dar tromentos
de q̃ ay menos alhi de perdonar
60  q̃ uale entonces mas merecimentos
quien los tiene q̃ tiene no penar
y los q̃ no no ser de pena izentos
q̃ mas tendran no uer en el infierno
punto en q̃ se Va gozar de Dios eterno

65  Y quanto se guoza del eternos annos
de q̃ se guoza en el de eterno gusto
a que se pone fin a los enguannos
q̃ se comiença un pacto firme y iusto
q̃ ay en aquel bien bienes estrannos
70  y antes del un punto mui angusto
p̃q̃ porq̃ ay o ir al bien eterno
o penar para siempre en el infierno.

### [26]

#### Romance

Adormido Rey despierta
Desse sueño q̃ te opprime
Que qualquier sueño en los Reyes
Es Vn Veterno insufrible

5  Oye de tu Reyno el llanto
Mira su estado infelice
Que oidos y Ojos abiertos
son insignia de Vn Rey libre

Quexarse quiere y no puede
10  De Vn Cameleon q̃ le rige
y son los respetos Vanos
las colores q̃ recibe

Bastara q̃ nuestra gloria
Turbassen sus manos Viles

15  y no sugetarla el yugo
    De cabeça tan Hvmilde

    Pero si peccados nuestros
    castigos al cielo piden
    Deue ser este el postrero
20  que es desgracia mas insigne

    En este mundo abreuiado
    mobil primero le hiziste
    y Van al traste las cozas
    p̃que se ha buelto mouible

25  Para alumbrar sus tenieblas
    fue qual luna en noche triste
    pusose la tierra en medio
    y queda Vn Eterno Eclipse

    que aunq̃ en su coracon impio
30  Vna hydra mortal concibe
    Cabeça de sus cabeças
    Es codicia q̃ rebiue                [fol. 38 r.]

    Cara hermosa de Syrena
    Al primer gouierno Exprime
35  Al prostero En nuestro daño
    Cauda de serpiente Ciñe

    La suerte haze q̃ Evanesca
    la Edad q̃ mucho confie
    Religion muere y Verguença
40  Nasceran monstruos horribles

    A los culpados perdona
    los inocentes afflige
    llora con agenos bienes
    y Con las miserias rie

45  Libertad libertad Rey
    que es bien q̃ el nombre te oblige

q̃ no eres Rey mas tyranno
si tyrannias permittes.

## [27]

### Romance

Despertad del graue sueño
fuertes Pastores de Luso
sino sois Epaminondas
o Cuerpos de almas desnudos

5 Despertad mirad los lobos
dentro de uestros rediles
q̃ degollan el ganado
para En su sangre teñirse

No ueis balar las ouejas
10 attentas mirando al çielo
como quien pide socorro
p̃q̃ ya le tarda el Vuestro

y los tiernos Corderillos
sentiendo el haro del lobo
15 baxo las madres se ponen
mas no se Escapan del todo

y gime todo el ganado
acodi nobles pastores
traed los proprios Cajados
20 y las Cortadores hozes

Salgan los fieros mastines
en la bruta saña enbueltos
y corajozes devoren
sus atreuidos denuedos

25 Mira q̃ p̃ sus ouejas
pone el buen pastor la Vida

y q̃ no tiene descargo
cargo de tan gran Vigilia

Mira q̃ a los flacos pollos
30   la madre ampara animoza
y q̃ se arriesga al peligro
contra El leon y la ossa

Mira q̃ los majorales
desta sierra En otro tiempo
35   franco de lobos tenia
los campos y los barhechos

Acordad dormientes biuos
muertos p̃ biuir dormiendo
q̃ es Vuestro sueño el uerdugo
40   q̃ ahoga el honor Vuestro

Acordad biuos podridos
muertos dentro dellos mismos
q̃ sin dubda es Vida muerta
la q̃ non siente dilictos

45   Toda el aldea mormura
de Vuestra poca Vigilia                    [fol. 38 v.]
y dizen a boca llena
q̃ solo seruis de Harpias

Dizen q̃ Como abestruzes
50   de Vuestro honor el Azero
digeris y poneis gueuos
como galinas desenso

Dizen q̃ beueis Vuestra agoa
comprada a Vuestro dinero
55   y q̃ la q̃ tiene el mar
no os quita las manchas desto

Dizen q̃ adobes sin paja
hareis como otros Hebreos

mañana p̃q̃ por mesclas
60 se os paga la tiña dellos

Dizen q̃ el habla se os quita
para el pasto del ganado
y q̃ se os restituyo
solo para trasquilarlo

65 Dizen q̃ manos os faltan
para matar estos lobos
que en las maneras os sobran
metidas hasta los Cobdos

Dizen q̃ el torpe interes
70 acouarda a Vuestros pechos
p̃q̃ es de pechos Couardes
non poner Pechos a pechos

Dizen q̃ pes non teneis
para Correr tras los lobos
75 p̃q̃ temblando os Estais
como donzellas de todos

Malaja zagales Lusos
q̃ puedan Viles respectos
afrentar Vuestra nobleza
80 y la de Vuestros aguelos

Despertad ya Despertad
bolued p̃ Vuestro ganado
mirad q̃ hablan los estraños
mas de lo q̃ jo hablo y callo.

[28]

Mote

Não ueio meu bem prezente
p̃ milagre auzente o ueio

q̃ amor consẽte ao dezeio
o que aos olhos não consente

### Gloza

5  Olhos pois siruis de uer
o que so pezar me da
olhos não uos quero ter
ou me trazei meu prazer
ou estai aonde elle esta
10 Que sorte tão desigual
q̃ uista tão deferente
uista q̃ he uista mortal
ueio prezente meu mal
não ueio meu bem prezente

15 Ter mal quem seu bem não tem
não me espanto q̃ he rezão
E nisto mostra ter bem
q̃ as treuoas a terra uem
se os rayos do sol soltão
20 Mas meu mal tanto he maior
quanto o bem q̃ uer dezeio
porem tem pero esta dor   [fol. 39 r.]
com hum milagre de amor
p̃ milagre auzente o ueio

25 Eime com meu bem de ca
como se ha com as estrellas
quem nũ alto poco esta
q̃ melhor as ue della
de dia q̃ perto dellas
30 Quem desta gloria me priua
con duuidar q̃ o não ueio
saiba q̃ he prerogatiua
remedio pera q̃ uiua
q̃ amar consente ao dezeio

35 Amor inda q̃ permite
algũ hora apartam[tos]

p̃q̃ mais o fogo excite
pondo na uista limite
deixa os olhos dalma izentos
40 Cõ dezeio Cõ a lembranca
Ve seu mal inda q̃ auzente
ui ela q̃ de uer não cansa
E assi do amor alcansa
o q̃ aos olhos não consente.

[29]

Elegia

D'Arca do testamento Vai tirando
Com paso accelerado o Orgulho ardente
Das Vaquas q̃ Osas Vai acompanhando

E Como a nouidade não consente
5 a graueza do iugo peregrina
cada qual se desmanda da repente

Cos balancos o santo lenho inclina
Acode Osas Com as maos a sustentalo
mas o rigor sintio da mão diuina

10 Fas esta caso estranho grande aballo
q̃ he menos mal o pouco acatamento
q̃ Em tal neccessidade Executallo

Mas das causas q̃ alcansa o entendimento
aquella he no castigo Verdadeira
15 q̃ de mais longe tras o nacimento

Das Vacas a Eleição foi a primeira
Culpa d'Osas por ella teue a pena
que merece Eleição desta maneira

Esta tamben aquelles Reys condena
20 q̃ affazem de ministros differentes
do q̃ o cargo pedir q̃ lhes ordena

Daqui nascem os Varios accidentes
q̃ padece o Gouerno E regimento
dos tribunaes E cargos Eminentes

25  E se em algũs faltar merecimento
p̃ cuja causa o Rey fique culpado
pois Edificios fas sem fundam.<sup>to</sup>

Com iusta rasão pode ser louuado
pella Escolha q̃ fes de Vosso sprito
30  para o lugar q̃ inda he muito apertado

A fama nos pregoa em alto grito
Vossa grande inteireza E da iustiça
o zelo nalma como Em bronze Escrito

Hũ Coração alheo de cobiça
35  onde não pode achar materia o fogo
q̃ o Vento da opinião accende E atiça

Não Vos Entraes do poderoso rogo
de Vaes respeitos em alheo dano
q̃ de tudo fazeis fabula E jogo

40  Bem Expremio ao Viuo do Thebano      [*fol. 39 v.*]
ministro a imagem propria q̃ affigura
por Exemplo E modelo acodo humano

Os olhos incapazes da luz pura
Braços sem mãos q̃ este ministro isento
45  de interesse d'Amor nẽ d'odio cura

Iguaes forão tambem no pensamento
Os Egypcioos Osyrio retratando
quando não cego soo e hũ olho accento

Que quem hũ olho soo ·for Empregando
50  nas cousas q̃ diante se offerecem
igualmente as ira todas olhando

Illustre sprito Eu sou dos q̃ padecem
aggrauos Excessiuos o primeiro
E primeiro tambem dos q̃ merecem

55  A Vos como a meu louro Verdadeiro
me acolho nesta graue tempestade
onde temo o perigo derradeiro

Com Vossa natural benignidade
de hũa Ventura triste E dura Estrella
60  temperay a Cruel malignidade

Bem Vejo q̃ Vos corta o rigor della
la Vos jis lastimando E do suggeito
soo a pouca noticia Vos desuella

letrado sou pretendo E no Dereito
65  não dos communs no tempo o mais antigo
nas partes naturaes tambem perfeito

Conhecido no mundo p̃ amigo
das humanas sciencias lustro raro
a nobreza gintil nasceo comigo

70  De hũa consorte minha e sangue claro
E desia por felis ajuntamento
de muitos filhos hũ rebanho charo

Bastante ocasião de sentimento
que ia d'Encontro leua apaciencia
75  senão acode o Ceo co sufrimento

O dura condicão dura inclemencia
desta idade de ferro q̃ respeitos
fação contra a razão tal resistencia

E q̃ os animos fiquem satisfeitos
80  co roubo de meu credito q̃ ganhão
outros que menos são do mundo aceitos

imaginais senhor que não se estranhão
tantos Excescos E que não se Veja
quantos Engenhos bons hoye se acanhão

85  A terra esta Corrida o Ceo se peja
de uer a cargos grandes leuantado
Quem nem talente tem com q̃ se veja

Este aliuio so tenho Em meu Cuidado
que inda mues inimigos appregoão
90  quanto o tempo me tras nisto aggrauado

Que inda q̃ de meus males se não doão
não me querem con tudo taes desgraças
q̃ Em parte Em meu louuor no mundo soão

Preguntase Em secreto E pellas praças
95  p̃q̃ me negão quanto se me deue
sobre isto ha mil iuizios E mil traças

Esta for o rasão p̃ que não teue
Em Roma statua algũa E preguntado
Esta resposta dar Catão se atreue

100  Antes quero despois de sepultado
p̃q̃ não teue statua preguntarse
q̃ p̃que rasão fue con statua honrado

En fim não podera menos cabarse
por algun mao successo E a Vaca Escolha
105  meu nome q̃ antes soo acreditarse

Porem iusto parece o fruito colha     [fol. 40 r.]
de passadas Vigilias E que o preco
(inda q̃ a sorte imiga o Encontre E tolha)
por Vosso meyo alcanse que mereco.

[30]

Mote

Amor temor E cuydado
Pelejão dentro em meu peyto
Julgay qual tem mais direyto

Glosa

  Cego quasi em noyte escura
5 sem saber q̃ passos siga
  o resplandor E lus pura
  de hũa estranha fermosura
  abrir os olhos me obriga
  Minha alma que se desuella
10 p̃ hum bem nunca esperado
  a receber sem cautella
  nem ve que entrarão com ella
  Amor temor E cuidado

  Quiz resistir mas não pode
15 contra tantos inimigos
  que mal o jugo sacode
  quem tarde ao remedio acode
  se são mortaes os perigos
  E como auiram rendido
20 nenhum quer ficar sogeyto
  nem q̃ ella seja partida
  E sobre a gloria diuida
  Peleyão em meu peito

  Como seya forte amor
25 fora d'alma os outros lansa
  ja se mostra uencedor
  logo mais forte o temor
  ja triumpho o cuydado alcança
  Ella sem saber qual uenca
30 nem por senhor seja aceito

teme de todos offença
em tamanha diferença
yulgay qual tem mais direito.

## [31]

### Mote

Mi alma teneysla bos
yo a bos en lugar della
a qual da mas gloria Dios
a ella sin mi com bos
5  o a mi com bos sin ella

### Glosa

Vn dia que en bos empleo
los ojos por buena suerte
nasce amor de lo que ueo
y del amar el desseo
10  y del desseo la muerte
y siendo el alma partida
llamola su proprio Dios
y pues por bos fue perdida
para gosar mejor uida
15  mi alma teneys la bos

Pero como es peregrino
en lo que intenta el amor
y ua p̃ otro camino
con sus inuenciones uino
20  en ayada y mi fabor
y para que en esto hiziesse
una transformaçion bella
hizo q̃ el alma a bos fuesse
y p̃ milagro tuuiesse
25  yo a bos en lugar della

    Mirad que grandes estremos     [*fol. 40 v.*]
    hizo el amor p̃ los dos
    pues la gloria q̃ tenemos
    entrambos a el la deuemos
30 pero todos tres a bos
    Que el amor quedo contento
    del mucho q̃ hizo por nos
    con uuestro merecimiento
    mas sola es dada que siento
35 a qual da mas gloria Dios

    Que el alma si razon diera
    a quien esto preguntasse
    por si muchas dar supiera
    yo tambien lo mismo hiziera
40 si a responder me obligasse
    al razon del alma es fuerte
    que aunque ganamos los dos
    dize q̃ p̃ esta muerte
    cupo mas dichosa suerte
45 a ella sin mi con bos

    Porque aunque ella me ha perdido
    pena q̃ el amor le ordena
    ganaros ha merecido
    yo tambien puse en oluido
50 con uuestra gloria la pena
    Pues en la gloria y qual fui
    cessar pueda la querella
    si al alma dio mas de si
    quedando con bos sin mi
55 o a mi con bos sin ella.

[32]

Mote

Meu bem não uos apresseis

Glosa

Ordena amor hũa dança
para mais me lastimar
fazendo uos a mudança
5  por dar mate a esperança
de quem uos sabe adorar
E como em tudo queirais
mostrar o que mereceis
na mudança uos mostrais
10  porem ja q̃ uos mudais
Meu bem não uos apresseis.

[33]

Mote

Segi o mar E deitey
as redes em tal lugar
que a Vida me ha de custar
hum cuidado que tomey.

[34]

Mote

Passa bolando el bien
y el mal se acaba.

[35]

[*fol. 41 r.*]

Estas duas Cartas se acharão na torre do Tombo as quais fez Egas Muniz ayo del Rey dom Afonso Henrrique E as mandou a hūa dama da Rª dona Mafalda con q̃ andaua damores a prim^{ra} indose elle da Corte pera O Mondego a outra uindosse achandoa Cassada com hum Castelhano que com a dita Rainha ueyo de Castella E tanta foi sua paixão de echar casada que adoeçeo logo E morreo e estando pª morrer lhe escreueo a derad^{ra} e en lha dando E acabandoa ela de ler se matou com suas maos E desta man^{ra} fenecerão ambos.

Carta Prim^{ra} de despedida

Ficade uos Vos embora
tam cuitada
per queu bou me per i fora
de longuada

5 Bai o bulto do mey corpo
mas ey non
cos socos bos fica morto
o coracon

Se pensades que mey bou
10 non o pensedes
qu'atanchado em bos estou
a non o uedes

Mei jazigo a mey amar
em boz acara
15 grenhas tendes despelhar
luzia a cara

Non faren estes meus olhos
tal abeso
que en guia E nos meus doilos
20 da empeco

Mas seu for por o Mondego
pois la bou
carulhas me fagon sego
comey bou

25  Se das penas da murio
quei Retoiço
me figeren tomar frio
comey ouso

Amadesme se quiserdes
30  coma lusco
se non toruo macharedes
comey fusco

Se me bos a my leixardes
Deis me guarde
35  nem asmais bos de apagardes
isto que arde

Ora non leixedes non
ca sois garida
a senon christeleison
40  por minha Vida.

### [36]

[fol. 41 v.]

Esta he a seg[da] q̃ lhe mandou pola achar cassada com o Castelhano con a qual derão ambos amargo fim a seus amores.

Bem sotisfeita ficades
corpo doiro
alegrade a quem amades
quei ja moiro

5  Ey bos Rogo bos lembredes
que bos quije
a que doilos no abedes
que bos fige

Cambastes as bemquerenças
10　per Cástilha
　　　abasmades Portugal
　　　que dor me filha

　　　Cambais per castilhanos
　　　posto neque
15　atanchaisme mil enganos
　　　que me sege

　　　bedes mouro bedes mouro
　　　biolante
　　　longe Va o sestro agouro
20　per diante

　　　bos bibede un santanario
　　　muy goiuoso
　　　quei me uon pro trintatario
　　　lagrimoso

25　A sa bossa Remenbrança
　　　ey Vier
　　　dizej jaguas en folgança
　　　so siquer

　　　A souuirdes na mortulha
30　os campaneiros
　　　Retousado na mormulha
　　　os meis marteiros

　　　A sou uirdes papear
　　　o costrejon
35　lembrebos que lhe fige dar
　　　ja o coton

　　　A que Vos quige a requige
　　　como auer
　　　a nunca en cousa bos fige
40　nes praser

No bos podo mais falar
que polgo eyo
aya podedes asmar
ca tal eu sejo

45 Tenho todo arcabouso
sem feison
pirem eu bos bejo a ouso
no coracon

Bedes me uou discando
50 nesta ora
bos amor ficade Rindo
muito embora.

[37]

Soneto A nossa Sĩa de penha de França. [*fol. 42 r.*]

Del hondo ualle del tormento mio
ado biuo en amargo y triste llanto
a la peña alta de tu throno santo
los ojos llenos de humor largo embio

5 En ellos y en mis lagrimas confio
tendras piedad de mi mortal quebranto
aunq̃ no diga mas hablaran quanto
calla la bos que aprieta en dolor frio

Quexas del alma en uano aquel escriue
10 que las escriuo en agua y tu mis quexas
leer podras en esta de mis ojos

los tuyos buelue al triste en quanto biue
que si un poco me tardas y me dexas
Venceran tu piedad tantos enojos.

[38]

Soneto

Quanto por m.<sup>tos</sup> dias fui colhendo
Com meus sospiros tudo perde hũ dia
os sinaes q̃ o leão cos pes fazia
todos a Cauda lhe hia desfazendo

5  Gozarão outros o que foi rendendo
dos meus uersos suaues a armonia
Cauauão hũa terra que ouro Cria
animaes hião não homens recolhendo

Mas não he mor a gloria do pintor
10 E daquele q̃ alcansa a nobre palma
sem gozar os despoios da uitoria

Num tosco coracão pintei amor
fis con que conhessesse sua gloria
rendei embora o corpo ou renda alma.


[39]

Soneto

Em calma estar contra tormenta armarme    [*fol. 42 v.*]
buscarme do longe E não me uer ao perto
deliberarme E tornar logo incerto
fugir ao jugo E logo suggeytarme

5  Temer mudanças logo assegurarme
Cerrarme de tudo logo a tudo aberto
louuar o pouoado irme ao deserto
Estar contente logo apayxonarme

Fabricar torres, E arrazallas logo
10 fallar sem tino E logo ficar mudo
Voar sem azas E cair com ellas

Todo mundo abracar E perder tudo
ser neue fria E logo arder em fogo
senhora effeitos são dessas estrellas.

[40]

Soneto

Ir y quedar y con quedar partirse
partir sin alma y con el alma agena
Oyr la dulce boz de la cirena
y no poder del arbol desazirse

5 Arder como la uella y consumirsse
hasiendo torres sobre tierra arena
caher de un cielo y ser demonio en pena
y de ssello yamas arrepentirse

hablar entre las mudas soledades
10 pedir prestado sobre fe paciencia
y a lo temporal llamar eterno

Creer sospechas y negar uerdades
es lo que llaman en el mundo ausencia
fuego en el alma y en la uida infierno.

[41]

Soneto a morte da R.ª D. Ana        [*fol. 43 r.*]

Mucho a la magestad sagrada    -agrada
que entienda a quien esta el cuidado   -dado
que es el rey de aqua prestado    -estado
pues es al fin de la yornada    -nada

La silla real por afamada    -amada
el mas sublime el mas pintado    -hado
se ue en sepulchro encarcelado    -lado
su gloria al fin por deshechada    -hechada

El que uerlo que aqua se adquiere  -quiere
y quanto la maior Ventura  -tura
mire que a un riquo tal la tierra  -atierra

y si el que ojos oy tuuiere  -uiere
pondra o mundo en tu locura  -cura
pues el que fia en bien de tierra  -yerra.

[42]

Soneto das cores

Es lo blanco castissima pureza
amores signiffica lo morado
crueza o subiection es lo encarnado
negro obscuro es dolor claro tristeza

5 Naraniado se entiende q̃ es firmeza
roxo claro uerguenca y colorado
alegria y si obscuro lo leonado
congoxa claro señorio y alteza

Es lo pardo trabajo azul es celo
10 turquesado soberuia y lo amarillo
es desesperacion uerde esperança

y desta suerte aquel que niega el cielo
licencia a su dolor para dezillo
lo muestra sin hablar por semejança.

[43]

Soneto de Loyo de Sa           [fol. 43 v.]

Infierno en uida a mi cuidado  -dado
alma de un cuerpo deshazida  -hazida
muerte cobarde y atreuida  -Vida
fuego de un pecho desamado  -amado

5 Rayo de un cielo mal [gozado]  -ozado
  luna que es luego a la salida  -ida
  flecha que da la mas querida  -erida
  ñudo si es suelto y desatado  -atado

  Cuenta que al fin si se remata  -mata
10 uerdad que a aquel que le desmiente  -miente
  fin por quien el que desespera  -espera

  Esta es la auzencia d'aquella ingrata  -grata
  cuyo furor quien lo conciente  -siente
  que mil infiernos si pudiera  -diera.

### [44]

Soneto Valentin da Silua

Argos quisiera ser p$^a$ miraros
Narcizo p$^a$ hermoso pareceros
el sabio Salamon p$^a$ entenderos
Apollos el pintor p$^a$ pintaros

5 Cien mil lenguas tener p$^a$ alabaros
  Rey de la tierra ser y obedeceros
  diuino p$^a$ solo mereceros
  y el mismo Dios Cupido p$^a$ amaros

  Tanbien quiziera ser como un azero
10 para poder sufrir los accidentes
  crueles que por uos señora espero

  y si algun tanto sufro que no muero
  por el graue dolor de los prezentes
  sustentome en berdad de lo que espero.

[45]

Soneto [*fol. 44 r.*]

Que hazes hombre estoime callentando
tu dama donde esta Donde ella quiere
como no mueres di ya nadie muere
como pasas sin ella platicando

5 Donde estas entre dia al sol iugando
y si ella se te ua como quisiere
no deue amor herirte ya no hiere
que el tiempo qualquer cosa ua gastando

Date fauores di por ciertas uias
10 y si no te los da passo sin ellos
que dize si le hablas niñerias

Que te enamora della los cabellos
porq̃ razon porq̃ ha infinitos dias
que no he uisto carbon mas negro q̃ ellos.

[46]

Soneto a sepultura del Rey Phelippe

Quien yasse aqui quien fue Rey de Castilla
y agora que es Ciniza poluo y tierra
quien no cupo nel mundo aqui se enciera
q̃ el rey murio notable marauilla

5 Si que la morte al mas baliente humilla
y era mortal quien no lo piensa yerra
ya mi plazer y gusto se destierra
pues sulcando nel mar muero en la Orilla

Quien eres tu que tanto sentimento
10 hazes por este Rey soy mi hechura
soy uiendo aquesto sombra uana

Eres el tiempo soy el de mi tormento
eres deidad no soy sino creatura
soy la auarencia confiança humana.

### [47]

Soneto de duas Regateiras peleiyando   [*fol. 44 v.*]

Bibora que me quereis que lhe quereis
desditosa de mi Em que uem agora
que uos fiz que me mordeis Ande mora
sou Coroada rua Vos sereis

5 Sempre honrada uiui Como uiueis
senhora Brazia Andrel não seu senhora
sou uirtuosa e honrada Andar embora
dizeis q̃ não resou Vos o dizeis

lembrada ouuereis de ser de que lembrada
10 de que sabeis que ui Vos que me uistes
o que sempre calei Deiuos licença

lembrame muito bem lembranças tristes
soo aueis por hũa so pasada
quantas uimos morrer dessa doensa.

### [48]

Soneto

Senhora minha inda q̃ auzente Esteya
se con tudo uiuer de Vos ausente
comigo uos terei sempre presente
que o longe fas amor que perto seya

5 fas a fortuna auzencias com Emveja
da gloria E bens de hũ Coração contente
mas porque minha fee se Expirimente
ordenou hoy Amor que Vos não Veja

que amar presente Vossa Vista obriga
10 amar ausente soo o amar constrange
  E isto quer amor que se lhe deua

  Mas como hum fio tem con que nos liga
  por elle Vai E Vem q̃ longe abrange
  hũa alma ate outra alma E fogo aleua.

## [49]

Verdugo es de mi alma la memoria.   [*fol. 45 r.*]

### Glossa

  Perdidos bienes males ya passados
  triste a felices suerte a tristes buena
  suelen ser de la Jdea retratados
  en gloria del feliz del triste en pena
5 Y por cierto peñor depositados
  que dellos queda la memoria llena
  y aunque esta de otros sea goso y gloria
  uerdugo es de mi alma la memoria

  Otros entre presentes alegrias
10 dichoso estado ya pocos merecido
  con la memoria en los amargos dias
  dan pasto dulce al sprito y al sentido
  Yo detenido entre las ansias mias
  de lo que fue la sombra en uano oluido
15 y como no la goso y aun es mi gloria
  uerdugo es de mi alma la memoria

  Ciego appetito fantasia ciega
  pues uengo a desear lo q̃ posseo
  y si pienso gosalle se me niega
20 sin posseer jamas lo que desseo
  llega mi gloria y quando gloria llega
  ya como gloria mia no la ueo
  y como en mi sin ser está mi gloria
  Verdugo [es de mi alma la memoria]

25 Para apartarme es una gloria biua
   para apretalla es una gloria muerta
   para buscalla es gloria fugitiua
   para buscarme es una gloria sierta
   Del mismo gusto que me da me priua    [fol. 45 v.]
30 ella me offrece y lleuame la offerta
   y como no es mi gloria con ser gloria
   Verdugo [es de mi alma la memoria]

   Miligro estraño que natura inuenta
   y la razon deste milagro obscura
35 que ingenio aura que dignamente sienta
   poder la imagẽ estar sin la figura
   Que espejo la hermosura representa
   sin el proprio suggeto de hermosura
   y durando la image y no la gloria
40 Verdugo [es de mi alma la memoria]

   Ay alma mia quanto mejor fuera
   dexar está memoria sin abrigo
   o la memoria si esto ser pudiera
   dexarte en paz afonta de enemiga
45 Pero no es yusto esta memoria muera
   ni es yusto quede el alma sin castigo
   y yustamente pues perdi tal gloria
   Verdugo [es de mi alma la memoria]

   Hurtado al sol Prometheo el fuego tiene
50 y luego tuuo ygual castigo al echo
   vna aguila en su pecho se mantiene
   no falta la hambre ni el manjar del pecho
   Mas yo q̃ de mi sol que hermoso uiene
   no supe el rayo hurtar que es ya deshecho
55 pago la pena y por perder tal gloria
   Verdugo [es de mi alma la memoria]

   Hize un delicto contra el Dios arehero
   cuya pena es infamia eterna o muerte
   accusalo Razon que es mal postrero

60 que no hay desculpa q̃ contra ella acierte
   Perderme es confessar si negar quiero    [fol. 46 r.]
   aprietame un dolor estraño y fuerte
   y por me hazer manifestar la historia
   Verdugo [es de mi alma la memoria]

65 Pena sufrible la insufrible fuera
   del bien perdido al coraçon doliente
   si con el la memoria se perdiera
   que mejor supre el que de un golpe siente
   Y la sufrible se haze cruda y fiera
70 quando por la memoria está presente
   tal es la mia que en perdido gloria
   Verdugo [es de mi alma la memoria]

   Cuitado al primer golpe era la pena
   bastante a darme de improuiso muerte
75 y quedo biuo porque ansi me ordena
   otra muerte major mi triste suerte
   Attenta estuuo a desangrar la uena
   pero ceriarsela en mi daño aduierte
   acabara con ella y sin mi gloria
80 Verdugo [es de mi alma la memoria]

   Si con mi gloria aquel amargo dia
   que fuera para mi dulçe acabara
   la uida solamente perecia
   que por saluar el alma trabajara
85 Pero sin bien salua la uida mia
   peligra el alma y la razon esclara
   que en perdida tan nueua y tan notoria
   Verdugo es de mi alma la memoria.

[50]

A hua promessa de hũa gloria    [*fol. 46 v.*]
cuya uinda tardaua.

Canção

Gloria tão merecida
quanto he yusto o reçeyo da esperança
temo desta tardança
que sem uos ter uos chore por perdida
5 Antes de terdes uida
Vos da morte a uentura
E sem nacer uos leua a sepultura
porq̃ com nouo Engenho
Me tire Ainda aquillo q̃ não tenho

10 Mas na esperança minha
Vi eu uosso apressado naçimento
foy p$^a$ mor tormento
que as uezes mata hum bem q̃ se adeuinha
que o tardar co a mezinha
15 Abre mais ferida
E apos hum gosto a esperança E a uida
co temor de perdello
andão dependuradas de hũ cabello

Assi temendo espero
20 Nem por estes temores desmereço
Hum bem de tanto preço
que em fim tanto reçeyo quanto quero
Da sorte desespero
que quando o uão deseyo
25 colher me obriga o bem q̃ busco e ueyo
p$^a$ mayor enleyo
Me mete hum muro de diamante em meyo

Qual do terreno assento
Ergue o sol ao Vapor q̃ em nuue forma    [*fol. 47 r.*]

30　Tal o sol que me informa
　　leuanta asy meu triste pensamento
　　Mas o mereçimento
　　Como he terreno e falto
　　Teme uendo o cuidado estar tão alto
35　que a uiua luz que adoro
　　Desfaca a nuue em lagrimas e choro

　　Se perder o thesouro
　　que amor ya por promessas me consente
　　serey como a serpente
40　que p.ᵃ outrem guardaua os pomos de ouro
　　q̃ a gloria porq̃ mouro
　　De tantos deseyada
　　Co mesmo sangue a trago sustentada
　　Tendolhe offereçida
45　No templo dalma em sacrifiçio a uida

　　Se o bem que em uos consiste
　　Meu sol chego a gozar por noua uia
　　morrera de alegria
　　o coração q̃ uiue de ser triste
50　mas se a sorte resiste
　　A meu ditoso fado
　　Tenho a uingança della em meu cuidado
　　que em tão fermoso posto
　　Ao menos morro a sombra de meu gosto.

### [51]

#### Soneto　　　　　　　　　　[fol. 47 v.]

En una selua al parecer del dia
estaua Endimion triste lloroso
contra el rayo del sol que presuroso
por la cumbre de un monte descendia

5　Mirando el turbador de su alegria
　contrario de su bien y su reposo

traz un sospiro triste y congoxoso
tales palabras contra el sol dezia

luz clara para mi triste y obscura
10   que con furioso curso apresurado
mi sol con tu tiniebla escuresiste

Si te pude mouer en tanta altura
las quexas de un pastor enamorado
no tardes de boluer ado saliste.

[52]

Glosa a este Soneto de Figueroa

Entre doradas flores
al son del agua clara que corria
hazian ruyseñores
dulcissima armonia
5   en una selua al parecer del dia

Pudieran sus canciones
boluer de triste un hombre muy gososo
y entre estas recreaciones
bien falto de reposo
10   esta Endimion triste lloroso

Como quien ue uenir
quien lo ha de dar tormento riguroso
y no puede huyr
assy estaua medroso                    [fol. 48 r.]
15   contra el rayo del sol que presuroso

ya por el ancho cielo
los sus cauellos rubios estendia
el gran señor de Delo
y dando ser al dia
20   por la falda de un monte descendia

El Endemion llorando
el ayre con suspiros encendia
y el rostro leuantando
las manos retorcia
25 mirando al turbador de su alegria

De la hermosa luna
le encubre el rostro bello y amoroso
el sol quiere a una
mostrarsele embidioso
30 contrario de su bien y su reposo

El triste amante baña
el suelo con un rio lagrimoso
y con angustia estraña
quedo un poco penoso
35 traz un sospiro triste y congoxoso

Mas despertando luego
como quien despertar Jamas podia
y aridendo en biuo fuego
con voz enternecia
40 tales palabras contra el sol dezia

O sol resplandeciente
causa de mi dolor y desuentura
a toda humana gente
le es uer tu figura
45 luz clara para mi triste y obscura        [fol. 48 v.]

y pues me mata el uerte
por mas ualor te fuera reputado
uenir a darme muerte
con passo socegado
50 que con furioso curso apersurado

O quanta gloria y quanta
belleza con tu rostro me abscondeste
tu gran crueldad me espanta

sabes lo que heziste
55 mi sol con tu teniebla obscureciste

Mas aunq̃ esté muriendo
no dexaré de estar con gran tristura
mil quexas esparciendo
prouando por uentura
60 si te pueden mouer a tanta altura

y no es possible cierto
q̃ dexen de ablandar tu pecho elado
pues ues que da el desierto
de oyr ya lastimado
65 las quexas de un pastor enamorado

y no pido q̃ dexes
el curso ya que por mi mal hiziste
mas que de mi te alexas
y pues tanto corriste
70 no tardes de boluer ado saliste.

[53]

Soneto  [fol. 49 r.]

De reluzientes armas la hermosa
Venus acaso armada estaua un dia
a la qual uiendo Pallas le dezia
con una risa falsa y desdeñosa

5 Armada como estás hare una cosa
y es que ambas combatamos a porfia
con tal que no aquel Paris que solia
yusge nuestra batalla peligrosa

Mucho estoy dixo Venus espantada
10 Pallas de ti pues siempre y hasta'gora
te tuue como todas por sezuda

En que yuizio se sufre di señora
menos preciarme agora estando armada
si quando te uenci estaua desnuda.

[54]

Soneto

Ero de una alta torre do miraua
a su Leandro que en la mar uenia
elossele la sangre que tenia
muriosse quando uio que muerto estaua

5  Com lagrimas el mar acrescentaua
el aire con suspiros encendia
extremos eran tales los que hazia
palabras eran tales las que hablaua

O mal logrado esposo O dulce amigo
10 esperança no partas que ya muero
de un golpe dio la muerte dos heridas

Recibeme mi bien alla contigo
ado morio Leandro muera Ero
parescanse las muertes a las Vidas.

[55]

Fabula de Narcizo  [*fol. 49 v.*]

Bellissima Jsabel cuya hermosura
todas las almas uience y aprisiona
y a los humanos coraçones prende
a quien no solo la celestial altura
5 concedio de beldad la alta corona
pero aun de quantos de uirtude les ciende
si tu ualor se estiende
por qualquer parte tanto
q̃ no hay humano canto

10 que pueda celleballo en todo el suelo
   si aca no baxa de su quarto cielo
   el claro Dios de la dorada sphera
   pues falta en mortal uelo
   aunq̃ boluamos a la edad primera

15 Como podra subir mi baxo acento
   a la alta cumbre de tu fama y gloria
   q̃ ua hinchendo todo el uniuerso
   pues que subir pudiera su contento
   ningun antigo digno de memoria
20 ni Tulio em prosa ni Virgilio en Verso
   porque ha de ser mas perso
   quien cante tus loores
   q̃ son los escritores
   que dan y dieron ser al siglo nuestro
25 porque mas falto quedará el mas diestro
   quanto mas yo que en caso tan profundo
   siendo yo sy ello uuestro
   me yusgara por sospechoso el mundo

   Pero pues esto no me otorga el cielo
30 recibe agora aqueste don pequeño           [*fol. 50 r.*]
   aunque compuesto en baxa y tosca rima
   no mirando el presente sino el zelo
   y uoluntad con que lo da su dueño
   que aquesta suele ser de mas estima
35 que a mi solo me anima
   pensar que siendo tuyo
   teniendo tan buen cuyo
   seguramente ira de mano en mano
   debaxo de la sombra de tu mano
40 no mirando al phranetico Narcizo
   sino al ser soberano
   del Dios que castigar su yerro quizo.

             Comiença

   En una selua humbrosa al pie de un monte
   de satyros y nimphas habitado

45  do el gran calor del sol nunca se sciente
     el sitio ameno placido Orizonte
     junto a un fresco florido y uerde prado
     auia una clara y cristalina fuente
     cuya mansa corriente
50  pastor aue ni fiera
     ni otro animal qualquiera
     tocado auia ni de arbol hoya o rama
     con cuyo humor crecia la uerde grama
     por el ameno y deleitoso suelo
55  que quando el sol inflama
     esta encubierto al caluroso cielo

     llegado aqui Narciso sin aliento
     del calor y la caça fatigado                [*fol. 50 v.*]
     se sento a descansar en la uerdura
60  y queriendo despues de descansado
     refrigerar el animo sediento
     llego a beuer a la fontana pura
     y uiendo su figura
     sed nueua en su alma cresse
65  y tanto se embreuesce
     quanto mas en el agua el rostro mira
     y el mismo de su gran beldad se admira
     y de su uista angelica se assombra
     y la mira y remira
70  adorando por cuerpo lo que es sombra

     Mira en el agua clara el branco cuello
     el aspecto gentil la eburnea mano
     los claros oyos mas que qualquier pollo
     mira el hermoso rostro soberano
75  el pecho alabastrino y el cabello
     cabello digno del dorado Apollo
     y esta consigo solo
     loando su blancura
     su tez su hermosura
80  y quanto alabar tanto es alabado
     y en tanto q̃ desea es deseado

y aquello que pide el le estan pediendo
y el ama y es amado
y el mismo enciende el fuego en que esta ardiendo

85  Ya esta suspenso ya se abaxa y toca
la burladora sombra que lo engaña
o ya los bracos por el agua estiende
ya procura por Juntar boca com boca
y mas porfia quanto mas se daña           [fol. 51 r.]
90  y quanto mas se moja mas se enciende
no se entiende ni entiende
lo que está en aquella agua
que en amorosa fragua
le ua la uida y alma consumiendo
95  y estasse en biuo fuego deshaziendo
por tocar el gentil Jouen gallardo
y ya ya le ua asiendo
mas ue q̃ en el coger siempre se es tardo

El error q̃ engañando está a sus oyos
100  aqui se los prouoca y los incita
y quanto mira esta de amor mas ciego
Cocredulo amador quantos enoyos
passas por quien no puede aunque te imita
dar a tu mal aliuio ni sosiego
105  de ti nace el gran fuego
q̃ te Consume el alma
por essa uision alma
que sin ti nada tiene que sea suyo
y su ser si es alguno todo es tuyo
110  contigo está y ua y uiene en qualquier parte
sin ti no tiene cuyo
y tu sin el no puedes apariarte

Perplexo estaua el indiscreto amante
sin mudar el lugar ni el uano intento
115  de la turbada y triste fantasia
qual estatua de marmol o diamante
que aun no curando del uital sustento

por no turbar la fuente no no beuia
y ya aqui no sentia
120 traça modo ni medio [fol. 51 v.]
ageno de remedio
la dolorosa uos al cielo alcando
y iunto entrambas manos leuantando
a los montes y selua y aun al cielo
125 dize manifestando
su pena su dolor su desconsuelo

Vmbrosas seluas llenas de espessura
que aueis sido de amor sitio oportuno
desde la edad primera hasta agora
130 aueis uisto o sentido por uentura
de semeyante amor amante alguno
q̃ el q̃ en mi atormentado pecho mora
pues lo que me enamora
amo quiero y deseo
135 cerca de mi lo ueo
y quando uoy de ueras a buscallo
tan disdichado soy que no lo hallo
q̃ no se do se ua no do se absconde
que no puedo alcansallo
140 ni aunque le hablo mas no me responde

Y lo q̃ mas me aflige y atormenta
es que para iuntarnos mano a mano
no nos aparta mar tempestuoso
no montaña escabrosa ni sangrienta
145 batalla ni Castillo de tirano
ni camino importuno y trabaioso
ni rio caudaloso
que un poco de agoa clara
de nuestro bien auara
150 nos priua nos impide nos aparta
y desde alli me llama y no se harta [fol. 52 r.]
y mientras mas le miro mas me mira
si me aparto se aparta
y si suspiro siento que suspira

155  Si me abaxo a besar la clara fuente
     y a pedir q̃ consigo me resciba
     pues que salir no quiere de alla dentro
     a iuntarse comigo frente a frente
     uiene ligeramente boca arriba
160  desde lo mas profundo de se centro
     y pienso q̃ me encuentro
     con la hermosa cara
     y toco el agua clara
     mas no aquel rostro angelico y diuino
165  que deue ser sin duda Dios marino
     pues que dexa uer y no tocarse
     o el mismo Amor que uino
     a me engañar pᵃ de mi burlarse

     Pero qualquer que seas salqua fuera
170  no te estorue aquesta agua clara y pura
     q̃ no hay para el amor impedimento
     pues mi ser mi aparencia uerdadera
     no meresce q̃ abscondas tu figura
     q̃ yo cognosco pastoras mas de ciento
175  que por me dar contento
     dexaron ya sus fuentes
     y sus claras corrientes
     las Nayades las nimphas y napeas
     y sus montanhas las siluestres Deas
180  y deues de tener por impossible
     gosar lo q̃ deseas
     o ya te deuo ser aborrescible            [fol. 52 v.]

     Mas aun muestrasme un rostro tan humano
     tan agradable halagueno y blando
185  que de tu Amor me da esperanca cierta
     si la mano te doy me das la mano
     si rio ries y si estoy llorando
     abras el llanto la enoiosa puerta
     y no es tanpoco incierta
190  nueua de q̃ me amas
     uer que siempre me llamas

ay Dios y quien puediera estar contigo
debaxo de tu amparo y de tu abrigo
mas ay q̃ tanto uer q̃ no me niega
195 lo q̃ habla comigo
a mis sordas oreyas nunqua llega

Ay triste yo soy solo aquel q̃ ueo
yo soi sin duda aquel Jouen gallardo
yo por mi mismo amor me abraso y quemo
200 yo a mi mesmo me pido y me deseo
yo mismo enciendo el fuego y en el ardo
y p̃ mi mismo uengo al fin extremo
ozo recelo y temo
junto hago y padesco
205 y amandome aborresco
y soi aquel q̃ quiere y es querido
y soi aquel que pedi y es pedido
y por soltarme a mi en prizion me meto
y lo q̃ quiero impido
210 y dos Contrarios soi en un suyeto

Que haré rogare o sere rogado
o q̃ podre rogarme si me ruego      [fol. 53 r.]
q̃ me aconseja amor en esto q̃ obre
yo soy iunto el amante y el amado
215 comigo está mi bien y mi sociego
y la mucha abundancia me haze pobre
no hay cosa q̃ me sobre
y assy suplico al cielo
rompa el purpureo uelo
220 y quiera de mi mismo a mi apartarme
para q̃ pueda yo de mi gosarme
aunq̃ en la lei de amor no se Consiente
pª mas pena darme
querer q̃ lo que amo me este ausente

225 Ya el dolor me consume y debilita
y morire en mi uerde primauera
y en la mitad de mis floridos años

y no me peza q̃ el amor premita
q̃ p̃ amor amando de amor muerta
230 que al fin la muerte acabara mis daños
pero de los estraños
tormentos q̃ me ofresce
uiendo q̃ ya paresce
aquello q̃ amo aquello que tanto quiero
235 y nos acaba Juntos mal tan fiero
mas de una cosa lleuare la palma
yo que por amor muerto
q̃ moriremos ambos en un alma

Diziendo aquesto el triste buelue y mira
240 la amada sombra lamentando en uano
la fuente enturbia con su tierno llanto
ella mouida el agua se retira        [*fol. 53 v.*]
y causar hase en el amante insano
nueua mudança pena y grande espanto
245 que se fatiga tanto
uiendo su bien ausente
de la turbada fuente
q̃ enciende mas en amorosa llama
y con apresuradas bozes llama
250 a quien del no se duele aunque mas pena
Y lagrimas derrama
por quien si tuuo ser ya no le tiene

Adonde huyes dize el triste amante
adonde uas do abscondes tu figura
255 porque me desemparas q̃ te he echo
y como no le pudo uer delante
de arriba abaxo abrio la uestidura
hiriendo el Jnnocente y tierno pecho
q̃ como con despecho
260 dio el golpe acelerado
quedo tan colorado
qual suele ser en partes la mançana
o la uua madura roxa y cana
lo qual uiendo el amante pobre y ciego

265  por la figura uana
     de nueuo se deshaze en biuo fuego

     Qual con el fuego la amarilla cera
     o con el sol el matutino yelo
     se ua de amar el triste deshaziendo
270  ya se consume y no es el que antes era
     ya le ua poco a poco el graue duelo
     en amoroso fuego derritiendo            [fol. 54 r.]
     [Ya se va consumiendo]
     aquel color mesclado
275  de blanco y colorado
     ya queda el lindo cuerpo flaco y seco
     que tan amado fue y querido de Eccho
     la qual responde al doloroso acento
     pero hase tal truequo
280  que respondiendo cuenta su tormento

     Si ay dize su Narciso ella responde
     si se quexa tanbien ella se quexa
     y al fin el haze y ella contrahaze
     que su dolor al suyo corresponde
285  que si la sombra a su Narciso dexa
     lo proprio que con ella hizo haze
     al fin el se deshaze
     y el asento postrero
     fue por ti triste muero
290  O mancebo hermoso en uano amado
     [Muero mãcebo hermoso ẽ vano amado]
     Eccho con uos tristissima resuena
     adios dize el cuitado
     Eccho le dize adios y mas no suena

295  Ya del dolor uencido y pena acerba
     corriendo aqua y alla sin tiento y tino
     procura dar remedio a mal tan fuerte
     ya se rebuelca por la fresca yerua
     qual lo premitte su mortal destino
300  q̃ esta llamando ya la horrenda muerte

porq̃ su triste suerte
le fuersa de manera
que no solo q̃ muera
quiere mas q̃ padesca y pene en tanto        [*fol. 54 v.*]
305  q̃ el spritu dexa el mortal manto
mas la muerte q̃ uiene y se auesina
p̃ quitar dolor tanto
sus oyos cierra y su cabeç inclina

Al fin cortó la Jnexorable parca
310  el uital hilo y baxo el alma al punto
al hondo reino de silencio eterno
ya el passar la triste y negra barca
se remiro el amante ya defunto
en la laguna Estigia del Infierno
315  y al negro lago Auerono
fue a uerse apresurado
de su error no oluidado
aun con passar las aguas del oluido
y como el triste en ellas nos ueido
320  quiso dar un sospiro mas fue en uano
que le fue prohibido
estando libre ya del cuerpo humano

Lloraronle las Nayades y las Nimphas
las Driades que alli fueron presentes
325  tanbien de las Castalidas el choro
salieron a llorarle de sus limphas
las sacras Diosas de las claras fuentes
messando todas sus cabellos de oro
y des que el triste lloro
330  de todo fue acabado
auiendo aderessado
el lecho luego uinieron de improuiso
el cuerpo transformado de Narciso
En una flor q̃ en bella y ser gallarda
335  tanto imitar lo quiso              [*fol. 55 r.*]
q̃ el nombre amado por milagro guarda.

[56]

Outauas em louuor de huns olhos

Diuinos oyos cuyo ser nos muestra
gran parte de aquel todo q̃ contiene
quien la fuerça y beldad la causa uuestra
os dio tan sin igual que igual no tiene
5 si en tanta abscuridad la luz me adiestra
la lus por do a la eterna luz se uiene
con solo un rayo dassa clara lumbre
subir podre a la mas difficil cumbre

Sigue tan alta impreza mi esperança
10 porque en uuestro poder funda el deseo
señora Vniuersal del bien que alcança
quanto con uuestra luz contemplo y ueo
en esta uista honrosa confiança
fauorecedme uos pues en uos Creo
15 oyos sobre el mortal modo serenos
de Hermosura gracia y gloria llenos

Quales son q̃ bien causan quanto pueden
en uos en mi en el mundo en paz y en guerra
uuestros fermosos oyos q̃ assy exceden
20 la perfecion mas alta de la tierra
dezildo uos mis oyos porque queden
las partes tan sin par q̃ el cielo encierra
en uos por uos con todas dignamente
creciendo su loor de gente en gente

25 Que yo por mi sin uos el pensamiento
subir no pudo a tan inmensa altura
que penetrando el christalino assiento  [fol. 55 v.]
llegue donde llego tal hermosura
mas de tan uenturoso altiuo Jntento
30 q̃ biua o muera en fin gloria assegura
pues es gloria morir alçando el buelo
a un sol de quien es rayo el sol del cielo

Los claros oyos del meyor sentido
os miren q̃ los flacos corporales
35 indignos e incapaces siempre han sido
de mirar cosas altas e inmortales
serenos oyos dulce aluergue y nido
de gracias y bellezas celestiales
el bien eterno de alto es inuisible
40 y assi explicar el uuestro es impossible

Jmpossible es cantar señora mia
con uoz humana perfecion diuina
mas la libre amorosa fantasia
a lo impossible alguna uez se inclina
45 facilitadme uos ojos la uia
aunq̃ el cielo a honrra tal no me destina
q̃ selebre de uos quanto en uos ueo
quedo falta el poder suple el deseo

Oyos donde el poder tanto se estiende
50 q̃ una centella dessa ardiente lumbre
por don particular la suma alteza
os hizo causa de las causas bellas
yo q̃ beldad tan clara comprehendo
en uuestro claro resplandor me enciende

55 En tan diuino fuego conssumida
la indignidad terrestre me leuanto
y una beldad contemplo tan cumplida
q̃ el cielo es ornamento al mundo espanto   [*fol. 56 r.*]
a la qual le entregue la alma deuina
60 y offresco ahora la uoz yngenio y canto
y consagro p̃ mas deuido officio
en loa el silencio el alma en sacrificio.

[57]

### Egloga de Laines em Outauas

Sobre neuados riscos leuantando
cerqua de Tayo está un lugar sombrio
en el rigor del yelo mui templado
y seco en la sazon del seco Estio
5 ado de soledad acompañado
a son del agua del coriente rio
tan dulcemente Tirse se quexaua
q̃ los peñascos duras ablandaua

Mil ueses de morir determinado
10 firme los oyos en el alto sielo
sus grandes desuenturas contemplando
con lagrimas regando el uerde suelo
rompe antes de tiempo deseando
la amada estambre del corporeo Velo
15 solto la rienda a tan profundo llanto
que dio fin a su uida el fin del canto

### Tyrse

Despues q̃ de mis oyos se alexaron
los que la luz del sol bueluen obscura
ni yo puedo biuir pues me dexaron
20 ni quiero aunque pudiesse q̃ es locura
y pues por la alta gloria q̃ lleuaron            [fol. 56 v.]
me dexan tan eterna desuentura
el dolor de tan asperos cuidados
llorad sin descansar oyos cansados

25 Ya ueis como sin Fili humidos oyos
sus rayos de oro encubre Apollo al dia
bien ueis sin Fili tristes los despoyos
de quanto el cielo aqua sustenta y cria
y ueis como produse el campo abroyos
30 quien flores olorosas produzia

secos los rios los campos agostados
llorad sin descansar oyos cansados

No lloro solamente su partida
aunq̃ es mal q̃ matara solamente
35 lloro uer la esperança consumida
en quien siempre el deseo es mas ardiente
llora tan rigurosa despedida
cuyo rigor terrible mi alma siente
y mis males que encubro desusados
40 llorad sin descansar oyos cansados

Qual la agua al rio al prado la uerdura
la nueua y blanca leche a mi ganado
quanto le agrada a monte la espesura
a la tierra la yerua y flor al prado
45 tal Filis a mis oyos tu figura
y pues de uella estoy desconfiado
por rios campos montes sierras prados
llorad sin descansar oyos cansados

Ya las nimphas del Teyo y su ribera
50 lloran tan doloroso apartamento
pues no hay sin ti en la tierra primauera [*fol. 57 r.*]
ni en las seluas y montes ornamento
la casta diosa desdeñosa y fiera
esparzido el cabello al friesco uiento
55 no prosigue ya corsos ni uenados
llorad sin descansar oyos cansados

Pues no puedo segirte Filis mia
siempre te siguira mi pensamiento
morir quiero mil uezes cada dia
60 antes q̃ no biuir por ti en tormento
q̃ quando de tu amor tuue osadia
tan cierto y breue ui mi perdimiento
q̃ me dixeron mis contrarios hados
llorad sin descansar oyos cansados

65  Durmiendo un dia acaso en la floresta
    uencido del dolor Filis soñaua
    q̃ en el calor ardiente de la siesta
    a la sombra de un sauze te hallaua
    mas fortuna en mi daño firme puesta
70  me dio luego a entender q̃ me engañaua
    y pues mis bienes son bienes soñados·
    llorad sin descansar oyos cansados

    Estaua yo deziendo este no es sueño
    que el sueño es cosa uana y mentirosa
75  incierto es su plazer siempre es pequeño
    y en el no hay cosa tal ni tan hermosa
    tambien por otra parte si no sueño
    como esta Fili agora tan piedosa
    ay desengaños por mi mal hallados
80  llorad sin descansar oyos cancados

    Viendome a tales terminos llegados
    su culpa culpo al cielo y mi destino        [*fol. 57 v.*]
    mas del bien q̃ mis oyos han mirado
    en un hermoso rostro y ser diuino
85  de auerme a cierta muerte condenado
    quexarme agora del cielo es desatino
    y pues en el mirar fuiestes osados
    llorad sin descansar oyos cansados

    Si no has determinado q̃ yo muera
90  en tan graue dolor y desuentura
    si no es la hora llegada postrimera
    y aquella noche eternamente obscura
    i ues aqui un verde Valle una ribera
    un gentil prado un bosque de espesura
95  lugares algun tiempo de ti amados
    llorad sin descansar oyos cansados

    Ay q̃ no entiendo ya do me ha traido
    el dolor de no uerte Fili mia
    no se sino que muero y que cuidado

100  sin uerte sin uentura y alegria
     el fin de mi Jornada es ya cumplida
     la escura noche uiene antes q̃ el dia
     mis terminos postreros son llegados
     llorad sin descansar oyos cansados

105  Que ya os ha puesto Fili en tal estado
     q̃ el descanso será mi muerte cierta
     y no se como tanto se ha tardado
     pues mi esperanca ha tanto q̃ está muerta
     ausente biuo triste y desamado
110  en parte solitaria y tan desierta
     q̃ no seran mis guessos enterados
     llorad sin descansar oyos cansados

     En tan uniuersal pena y tamaña            [fol. 58 r.]
     mui mal podra biuir Tirse contento
115  de amargo llanto un rio sus oyos baña
     y aun le paresce corto sentimiento
     y no me uale Fili fuerça o maña
     pª tener sin uerte sufrimento
     y aun mis dias seran hoy rematados
120  llorad sin descansar oyos cansados

     Aqui dio fin al canto y a la uida
     el sin uentura Tirse mal logrado
     el triste pecho de cruel herida
     con agudo cuchillo ha trauessado
125  queriendo antes de sy ser homisida
     que sufrir el furor de su cuidado
     la uerde yedra por alli sembrada
     tiño su roxa sangre colorada

     Damon su caro amigo que escuchando
130  estaua el tierno canto doloroso
     salio da donde estaua imaginando
     el caso lamentable y riguroso
     y al sin uentura Tirse uio espirando
     teniendo con su sangre y poluoroso

135   el nombre amado en uano repetida
       y con suspiros tristes le dezia

            Dam.

       Es esta el alegria Tirse amado
       que le queda a Damon tu triste amigo
       uer tu lloroso fin arrebatado
140   y quien tanto te amaua p̃ testigo
       porq̃ no me auisaste de tu estado
       p̃que no me lleuaste alla contigo          [*fol. 58 v.*]
       o porque pues del todo me dexaste
       los ultimos abraços me negaste

145   Que se dira de ti siendo sabido
       ser muerto Tirse por su propria mano
       como ya por Eneas la triste Dido
       sino que fuiste amador ciego insano
       siendo el pastor mas sabio y entendido
150   de toda esta ribera monte y llano
       de las hermosas nimphas tan amado
       y de las nueue hermanas celebrado

       De q̃ te sirue auer sido excellente
       en plantar uides y en cenbrar ceuadas
155   y en guardar de los lobos diligente
       las tiernas oueyuelas descuidadas
       y auer exercitado cruda muerte
       contiendas pastoriles tan usadas
       si el fin es el q̃ loa al curso umano
160   porq̃ fuiste contigo ansi inhumano

       Tu sanguinoso cuerpo bien lauado
       en agua clara enbuelto en uarias flores
       debaxo un marmol blanco sepultado
       será donde se entallen tus loores
165   y no quiero a tu muerte amigo amado
       ni a tus obsequias conuocar pastores
       sino quedarme aqui en esta ribera
       lamentando tu muerte hasta q̃ muera

```
       y aunq̃ escreuir· yo uersos sea locura
170    uencido del dolor q̃ mi alma siente
       de uer yo hecha tierra tu figura
       en tus pros annoste crudamte
       en la memoria de tu desuentura                    [fol. 59 r.]
       porq̃ sueñe su mal de gente en gente
175    en la corteza dura deste pino
       poner este Epitafio determino


       Debaxo deste marmol sepultado
       Jase el mas sin uentura y mas dichoso
       pastor q̃ apascento yamas ganado
180    ribera deste rio Caudeloso
       en morir tan temprano desdichado
       y en amar altamente Venturoso
       el mismo se dio muerte da aflegido
       la causa no lo se si amor no ha sido.
```

### [58]

O nome de hũa sñra pellas
primeiras letras.

Daruos quiz a natureza
o mais sublime lugar
nas graças q̃ pode dar
entre todas sois princeza

5  Veruos não pode ninguem
isento na liberdade
catiuais cõ crueldade
e feris quantos uos uem
Na fermosura e belleza
10  com louuor todas uenceis
indo pois conforme as leis
entre todas sois princeza.

## [59]

O nome de Ana neste mote pellas p.<sup>ras</sup>   [*fol. 59 v.*]

    Amais a quem uos não quer
    não quereis a quem uos ama
    as auessas andais dama.

## [60]

O de Jnez.

Jngrato amor que ordena
notaueis desordens mil
enganos e tão sobtil
zomba do triste que pena.

## [61]

O nome da Caterina.

   Conhecida de todos por fermosa
   amada como tal perfeitamente
   tomando a bella cor a bella roza
   enfeitisais s.<sup>ra</sup> toda a gente
5 rompendo coraçoes mui rigurosa
   imposiuel fazeis o q̃ amor sente
   Não querendo pagar no mesmo preço
   aquelle galardão que eu uos mereco.

## [62]

Ephitafio ao sepulchro de Carlos filho del Rey Philippe.

Nasci de padre y aguelo sin segundo
De tantos Reynos Principe heredero

Enchi de miedo y esperança el mundo
iouen ardiente y de animo gerrero
5 Al fin la muerte derribo al profundo
la esperança de tan alto aguero
Ah suerte humana quien en ti confia
Aer fui Carlos d'Austria oy tierra fria.

### [63]

Soneto                                   [fol. 60 r.]

Ay Dios si yo cegara antes que os ui uiera
O quando os ui despacio os contemplara
y pues no os contemplo no os deseara
o ya que os deseo q̃ os mereciera

5 y pues no os mereci nunca naciera
o al punto que naci luego espirara
y pues q̃ no espire que no espirara
mi Coraçon a cosa q̃ no espera

Si espero algun remedio es de la muerte
10 muerte sola podrá darme la uida
la uida para mi dura y pezada

Pezada carga trabajosa y fuerte
fuerte trancito de una alma despedida
despedida de uerse remediada.

### [64]

Soneto a hũa dama que yuro de
não querer bem a hũm galante.

Fermosa deshumana crua E forte
atenta q̃ por ti prezo e Catiuo
pᵃ mais morte ser não morro E uiuo
uida que Jnda peor que a mesma morte

5 licença a Clotho dá para que corte
esse fio penoso duro esquiuo
porq̃ enquanto não morro a uida priuo
de sua qualidade nome e sorte

Ou não cumpras cruel o q̃ Juraste
10 o mostra em socorrer a meu tormento
piedade Justiça graça auizo

E creme q̃ a cumprir não te obrigaste
pois não he ualioso o Juramento
q̃ ontem de terceiro por yuizo.


[65]

Soneto Martĩ de Crastro            [*fol. 60 v.*]

Quando de uossa uista me apartaua
o duro mal de auzencia Ja sentia
a agoa q̃ dos olhos uos corria
o fogo em q̃ eu ardia acresentaua

5 A alma q̃ con uosco me ficaua
contente do effeito que em uos uia
de todo bem passado se esquecia
e so no mal prezente se ocupaua

Lagrimas poderosas q̃ o deseyo
10 me obrigais q̃ uos ame seu tormento
o coracão adoro dor qu sente

Bem sei que me enganais que claro ueyo
q̃ com chorardes por mim quando me auzento
he porq̃ sinta mais o estar auzente.

[66]

Soneto

Que doudo pensamento este q̃ sigo
apoz q̃ uão cuidado uou correndo
sem uentura de mi q̃ não me entendo
nem o que Callo sei nem o que digo

5 Peleijo com quem trata paz comigo
de quem guerra me faz não me defendo
com falsas esperanças pretendendo
quem de meu proprio mal me faz amigo

Porq̃ nacendo liure me catiuo
10 se o quero ser como não quero
porq̃ me engano mais con desenganos

Se Ja desesperei q̃ mais espero
e se inda espero mais como não uiuo
esperam algum bem em tantos danos.

## ABBREVIATIONS

| | |
|---|---|
| BAE | Biblioteca de Autores Españoles. |
| *BBMP* | *Boletín de la Biblioteca Menéndez y Pelayo.* |
| BGUC | Biblioteca Geral da Universidade, Coimbra. |
| *BHisp* | *Bulletin Hispanique.* |
| BNL | Biblioteca Nacional, Lisboa. |
| BNM | Biblioteca Nacional, Madrid. |
| BNP | Bibliothèque Nationale, Paris. |
| BPA | Biblioteca do Palácio da Ajuda, Lisboa. |
| BPADE | Biblioteca Pública e Arquivo Distrital, Evora. |
| BPMPorto | Biblioteca Pública Municipal do Porto. |
| *BRAE* | *Boletín de la Real Academia Española.* |
| HSA | Hispanic Society of America, New York. |
| *MLN* | *Modern Language Notes.* |
| NBAE | Nueva Biblioteca de Autores Españoles. |
| *NRFH* | *Nueva Revista de Filología Hispánica.* |
| *PMLA* | *Publications of the Modern Language Association.* |
| *RABM* | *Revista de Archivos, Biblioteca y Museos.* |
| *RCHA* | *Revista Crítica Hispano-americana.* |
| *RFE* | *Revista de Filología Española.* |
| *RHi* | *Revue Hispanique.* |
| *RHM* | *Revista Hispánica Moderna.* |
| *RL* | *Revista de Literatura.* |
| *RSIP* | *Revista da Sociedade de Instrucção do Porto.* |
| UNAM | Universidad Nacional Autónoma de México. |
| *ZRPh* | *Zeitschrift für romanische Philologie.* |

# BIBLIOGRAPHICAL NOTES AND COMMENTARY

1. *Una fineza grande un lance bravo.* We have found no other texts of this sonnet. Teófilo Braga published it from the present MS among the "inéditos" that he attributed to Camões in the *Parnaso,* of 1880 (Vol. I, no. 356, p. 179), and Carolina Michaëlis excluded it definitively from the canon of the poet in her article "O Texto das Rimas...," *RSIP,* II (1882), 124.

2. *Quem podera diser o que tem na alma.* The sonnet, which appears here ascribed to the "Frade da Rainha" (Jorge Fernandes, also known as Frei Paulo da Cruz), is copied in other MSS attributed to either Martim de Castro do Rio or to Fr. Agostinho da Cruz. That the author was Fr. Agostinho seems to us presently extremely doubtful, given the "collectionist" nature of the MSS which contain his poetry. Insufficent information concerning the poetical efforts of Jorge Fernandes is available at present for proper consideration of the attribution given in our MS (see especially, however, Jorge de Sena's extended comments in *Estudos de História e de Cultura,* Vol. II, pp. 282-289), yet the attribution to Martim de Castro is more acceptable, as the text is ascribed to him in other MSS and in conjunction with various poems specifically known to be his work. In particular, it appears thus in MS. 3992, fol. 55 v., "ao desengano da vida," of the BNM (*The Cancionero "Manuel de Faria...,"* ed. Edward Glaser, pp. 235-236). Glaser records the following additional texts; —MS. 4152, fol. 4 r., "de Martim de Castro ao desengano da Vida," of the BNM (see "The Cancionero 'Manuel de Faria' and MS. 4152 of the BNM," *Luso-Brazilian Review,* VI [1969], 22-43); —MS. 3, fol. 84 r., of the Pombaline Collection in the BNL, "Soneto ao desen-

gano da uida"; —MS. 1100, fol. 53 r., "Soneto [de Fr. Agostinho da Cruz]," and MS. 1121, fol. 3 v., "Soneto," both of the BPMPorto; —MS. 526, fol. 28 r., "Soneto q̃ a alma não tira da vida bom frutto," and MS. 1237, unnumbered folio, "Soneto a dignidade d'alma e vaidade da vida. Fr. Agostinho da Cruz," both of the BGUC; —MS. 1710, p. 11, anonymous, and MS. 2160, unnumbered folio, "Desengano entre a vida e a alma, para desenganar para tudo a vida," both of the Torre do Tombo, Lisbon. Glaser notes also that the sonnet was printed by Mendes dos Remédios in his edition of the *Obras* of Fr. Agostinho da Cruz (Coimbra, 1918, no. LXXVII) and by Guilherme de Faria in the *Antologia de poesias religiosas* (Lisboa, 1947), p. 84. In this modern period, the sonnet was also included by Teófilo Braga, taken from the present MS, in his *Antologia Portugueza*, of 1876, no. 168. All the texts known, with exception of the present, show the first line "Quem pudesse mostrar o que tem na alma."

3-4. *Donde achastes senhora esse ouro fino. Esses olhos senhora onde descansa.* We know of no other recordings of these two sonnets in the late 16th or early 17th centuries. Teófilo Braga published both texts, with no indication of authorship, in his *Antologia Portugueza,* of 1876, no. 170, p. 213, and no. 171, p. 214. They were then included by him among the "inéditos" which he saw as the works of Camões in the *Parnaso,* of 1880 (Vol. I, no. 358, p. 180, and no. 357, p. 179). Carolina Michaëlis corrected the error in "O Texto das Rimas...," *RSIP,* II (1882), 124.

5-6. *Damas as que inventais por ser galantes. Quem diz que os perequitos e toucado.* We have found no other copies of these two related satirical sonnets which treat the supposed excesses of fashion among ladies at the Court. Teófilo Braga printed both in the *Parnaso,* of 1880 (Vol. I, no. 359, p. 180, and no. 360, p. 81), attributing them to Camões. Michaëlis de Vasconcellos laconically dismissed the ascription as baseless in "O Texto das Rimas...," *RSIP,* II (1882), 124.

7. *Importunos amantes de conventos.* The sonnet is most probably the work of the bilingual poet Fernão Correia de Lacerda,

although it can also be found attributed to Fernão de Sampaio, to Fernão Rodrigues Lôbo Soropita, to António Barbosa Bacelar, and, especially in MSS of the late 17th and early 18th centuries, to Dom Tomás de Noronha. The comico-satirical intent of the work struck well at the popular and traditional theme of "freiraticos," and occasioned an immediate series of direct immitations, parodies, and answers. Edward Glaser, in his edition *The Cancionero "Manuel de Faria,"* pp. 82-85, 226-228, discusses the poem and gives pertinent examples of the dependent texts. For example, the sonnet:

> Venturozos amantes do convento
> q̃ com seguro vento navegais
> quem disse q̃ bebendo o vento andais
> nunca soube viver senão do vento.
>
> Desse vosso soberbo pensamento
> com grande gloria por amor ficais
> q̃ nunca pode ser a gloria mais
> q̃ ter a vista a cauza do tormento.
>
> Passar serras, montanhas, e aspereza
> grades estreitas e abadeça esquiva
> e disfavores de huma ingrata freira
>
> He o melhor q̃ tem a natureza
> q̃ aquillo q̃ mais custa mais cativa
> onde consiste a gloria verdadeira.

Lacerda himself also wrote another sonnet on a similar theme "às freiras," beginning "Infierno de las almas sin provecho" (MS. 51-II-24, fol. 188 v., of the BPA). Glaser lists some 18 manuscript sources: —MS. 3992, fol. 47 v., of the BNM, the MS which he edits, "De Fernão Correa de Lacerda"; —MS. 4152, fol. 138 v., of the BNM, "De Fernão Correa de Lacerda"; —MS. 17.719, fol. 22 v., of the BNM, "De Fernão de Sampaio"; —MS. 1710, p. 96, of the Torre do Tombo, anonymous; —MS. 1804, p. 218, of the same library, "Bacelar"; —MS. 1818, p. 98, of the same library, anonymous; —MS. 581 Azul, fol. 123 r., of the Academia das Ciências, Lisboa, anonymous; —MS. 693, fol. 160 r., of the same library, anonymous; —The "Cancioneiro de Fernandes Tomás," fol. 64 r., of the Museu Etnológico, Belém, "Soropita"; —MS. F.G. 3106, fol. 64 r., of the BNL, anonymous; —MS. F.G. 3582, fol. 114 v., of the same library, anonymous; —MS. F.G. 4332, fol. 22 r., twice, of the BNL, anonymous; —MS. F.G. 5864, fol. 131 v., of the BNL, anonymous; —MS. 331, fol. 424 r., of the BGUC, anonymous; —MS. 526, fol. 177 v., of the BGUC, "Soneto de D. Thomas contra os freiraticos"; —MS. CXIV-d / 1-12, fol. 9 v., of the BPADE, anonymous; —MS. CXIV / 2-2, fol. 217 r., of the BPADE. We note only one minor addition, from an 18th century MS in the library of the Museu Etnológico, Belém, MS. 3392 (previously E. 1128), "Girnalda de Apollo..., 1749," p. 274, "D. Dom Thomas." The most informative modern treatments of the poet are contained in Glaser's excellent study mentioned above, and Jorge de Sena's important consideration incorporated in his *Estudos de História e de Cultura*, vol. II, pp. 295-320, 341.

8. *Fermosa Chaterina que dominas.* We are unaware of additional texts of this Portuguese sonnet. Braga selected if from the present MS for inclusion in his *Antologia Portugueza*, of 1876, no. 172, p. 214, and then reprinted the text among the "inéditos" which he attributed to Camões in the *Parnaso*, of 1880 (Vol. I, no. 361, p. 181). Carolina Michaëlis rejected the ascription in "O Texto das Rimas...," *RSIP*, II (1882), 124.

9-13. *Qualquer que en error se ue que ha dado. Zagal si de tu dama honesta y bella. Em abraçar el uicio comunmente. El mal consejo siempre se ha tornado. Damas si por uentura aueis leydo.*

As we have indicated in the Introduction, the five "fabulas" transcribed here are the work of the 16th-century poet, the Licenciado Tamariz. Don Antonio Rodríguez-Moñino has gathered the little biographical information on the poet available to modern scholars and published a collection of his works (see: *Novelas y cuentos en verso del Licenciado Tamariz*, Duqve y Marqves, no. VIII, Valencia, 1956). Rodríguez-Moñino presents a detailed study of the problems of identification of the author, separating him from among numerous homonyms, considers previous references to the works (Gallardo and Salvá), and traces the history of the manuscript and texts that he publishes. We limit ourselves here to summary comments on the present texts, as our colleague Prof. Donald McGrady, of the University of Virginia, is at present finishing an exhaustive study of Tamariz and his sources (primarily Italian) based on the texts published by Rodríguez-Moñino, on our texts, on additional sources in the libraries of the Palacio de Oriente, Madrid, and the Borbon-Lorenzana collection in Toledo, and on a recently discovered MS containing some 17 novels in verse by Tamariz.

The texts of the "fabulas" copied here show numerous variants from those published by Rodríguez-Moñino; variants primarily the result of lapsus on the part of the Portuguese scribe. There are however, variants of a more substancial nature which indicate that the source MS of the present texts was other than the "family" or tradition represented by the MS with which Rodríguez-Moñino worked, and our text no. 12, "El mal consejo siempre se ha tornado," does not appear in that collection. This text is clearly the work of Tamariz, and appears as such in MS. 2803, fol. 176 r., of the Palacio de Oriente, Madrid, with the title "Nobela de vn estudiante." It is there accompanied by the "Nobela de Matea y su marido," fol. 189 v., beginning "Vn medico mancebo auja criado" (Rodríguez-Moñino, p. 81), and "Damas si por ventura aveis leido," fol. 192 v. (our text no. 13). The lines in square brackets in texts 10 and 11, missing in the present manuscript, are supplied from the Rodríguez-Moñino edition.

The scribe has added in the margins by certain lines of the 2nd "fabula" (no. 10) the following comments: line 8, -bom, Senhor amigo; line 21, -de Merlussa; line 24, -como se forão taralhões; line 32, -visto; lines 33-36, a series of comments which he crossed out, now illegible; line 41, -grão cazeira; and lines 292 to 296, two comments which he crossed out, now illegible.

14. *A rede que no mar attento espalha.* The habit of collecting the explicative poetry which accompanied small moralistic and satirical paintings and prints was wide spread in Portugal and Spain of the 16th and 17th centuries, and had derived from interest in the artistico-literary "emblems," the engaging invention of Renaissance commentators on classical antiquities. The first great collection of these allegorical paintings and engravings with their lemmata was published by Andrea Alciati (Augsburg, 1531), under the title *Emblemata,* and was widely known throughout Europe. The first Spanish edition of the

work, translated and amplified, was prepared by Bernardino Daza Pinciano: *Los Emblemas de Alciato. Traducidos en rhimas españolas* (Lyon, 1549). Of the more "popular" form of the genre in the late 16th century, a small collection, in Portuguese, appears in MS. 1023, fol. 79-81 v., of the BGUC, under the title of "Enigmas." The first of these reads, for example: "Enigma dos Cornos. Pintãse dous homēs nus cada hum com hũ coração na mão." The verses begin "Nãm cuideis q̃ namorados / somos, por trazer na mão." MS. 9-12-8 / 443 of the Academia de la Historia, Madrid, offers a similar collection in Spanish made on the visit of Philip II to Alcalá de Henares in 1585. The tradition is a companion development to the "hieroglyphic" drawings and poems generally prepared in connection with the exequies of important personages (see our article "Hojas sueltas zaragozanas a la muerte de Felipe II," *BBMP,* XLVI [1970], 109-125).

**15-16.** *Arden Tyrse igualmente y Galatea. En la escuela ado Amor es Presidente.* The "question" enjoyed a certain popularity in the seventeenth century as a set text for glossing. In addition to the present recording with its sonnet answer, we know of versions in five other manuscripts of the period, and of very distinct origins: —MS. B. 2467, fol. 162 r., of the HSA (Moñino-Brey, *Catálogo...,* MS. LXXXVIII), with gloss beginning "Pone el temor al pecho combatido"; —MS. CXIV-d / 1-29, group 15, of the BPADE, and MS. 840, fol. 117 r., of the Torre do Tombo, with the gloss "Oculto arder, reciproco deseo"; —MS. 1117, fol. 30 r., of the Torre do Tombo, with the gloss duplicating that of the present MS; —The "Cancioneiro Fernandes Tomás," fol. 147, of the Museu Etnológico, Belém (see the study of Michaëlis de Vasconcellos, *O Cancioneiro Fernandes Tomás,* p. 59), with gloss beginning "Siendo la causa Vniuoca a Vn effecto," and an extended commentary in prose. In the modern period Teófilo Braga printed both of the present texts among the "inéditos" of the *Parnaso,* of 1880, attributing them to Camões (Vol. I, no. 362, p. 182). Carolina Michaëlis denied the attribution in the article "O Texto das Rimas...," *RSIP,* II (1882), 124.

We print below the various glosses and "answers," all unedited, for comparison.

a) HSA: MS. B. 2467, fol. 162 r.

          Respuesta

Pone el temor al pecho combatido
vn silencio imortal que le reprime
en el sepulchro eterno de sus penas
donde parece que razon ha sido
calle Tirse la fuerca que le oprime
la uoluntad en asperas cadenas
que si en causas agenas
de sufrimiento el daño se descubre
aqui el temor lo encubre
que como en el objecto amor se esfuerca
teme perder su fuerca
que luego de su luto el ama cubre
faltando la presencia
que solo se sustenta por la essencia.

Mas mucha mas razon sera que diga
Tirse su pena, y calle Galatea
que assi queda su fama mas segura
que quando Tirse el bien de amor no siga
como en essencia queda aquella Idea
que representa al alma su figura
y quando su ventura
le quite el bien presente de sus oyos
essos mismos enojos
quando los mira el pensamiento sabio
deshazen el agrauio
para despues gozar dulces despojos
que tales offensores
amas obligan quando son mayores.

Porq̃ aquella virtud que se sujeta
al yugo de razon y el apetito
dexa uencido en bracos de la muerte
la que no puede hallarse mas perfeta
(quanto a virtud) en termino infinito
adonde es mas dichosa y menos fuerte
esta si se conbierte
en el contrario ser de la baxeza
de su naturaleza
que abominable en mugeril subjecto?
y por este respeto
encubra Galatea su flaqueza

que la honrra perdida
no puede restaurarse con la vida.

b) Torre do Tombo: MS. 840, fol. 117 r.

### Respuesta

Oculto arder, reciproco dezeo
en dos amantes ueo
mas si bien de los dos la pena es una
peor es la fortuna
de Galatea amante,
pues siempre a la muger es importante
ocultar lo amoroso
por obseruar lo honesto y uergonsoso:
y la q̃ mas se estima
aunq̃ de amar a un hombre no se exima
meior sera morir q̃ declararse
se ha de uzar del orror de anticiparse.

por lo q̃ me paresse
q̃ puede declarar lo q̃ padesse
Tirse con mas razon q̃ galatea
pues aunq̃ riesgo sea
Tirse auentura gusto
Galatea opinion, y nũca es iusto
si bien se concidera,
q̃ a la opinion el gusto se prefiera
y mas quando el decoro femenino
preuilegios ostenta de deuino.

c) Belém: the "Cancioneiro Fernandes Tomás," fol. 147 r. We wish to express here our sincere appreciation to Dom Fernando de Almeida, of the Universidade de Lisboa and Director of the Museu Etnológico, who graciously facilitated our consultation of this famous and still inedited collection.

### De [...]

### Proposta.

Arden Tirse igualmente y Galatea
mas arden en secreto
manifestar su effecto
igualmente cada Vno lo dessea:
Tirse teme perder su compañia

> si el affecto descubre,
> Galatea de honesta se lo encubre;
> pergunta amor a su philosophia,
> qual destos puede mas seguramente
> descubrir lo que siente.

Como são Varios os efeitos que Amor causa nas almas de que se fas senhor, Julga delle cada hum conforme o sente, e desta Variedade nasce, e das opiniois que cada dia Vemos nas questois amorozas, que pella mayor parte são problemas: porem neste que temos entre mãos pode ter a rezão melhor lugar, por ser mais sogeito do bom discurso, que do particular sentimento. E porque a Verdade se mostre pellos contrarios, tocarey os principais inconuenientes, de hum, e outro amante, e por quem menores os tiuera, respondera a philosophia do Amor, que se descubra. Suponho primeiramente, que sendo tão propio de hum grande Amor, acouardarse na prezenca da cousa amada, que tem aqui lugar o de Petrarca.

> Chi puo dir? come egli arde e in picciol fuoco.

He contudo mais propio seu conceder aos olhos a declaração, que nega a linguoa, e a esta licença sua, chamarei eu força mais propiamente, e por tal a teue Ouuid. epist. 15. quando disse.

> Qua licet et possum luctor seruare furorem,
> sed tamen apparet disimulatus amor.

E mais aponto Stacio, 1º Achileid.

> Nec latet haustus Amor, sed faxui brata medullis
> in uultus, atq̃ ora redit.

Porem como estes amantes Tirse, e Galatea senão deuem satisfazer com os sinais exteriores, ou porque auendo entre elles familiar amisade, a elle attribuem, o que nasce doutra causa; ou porq̃ a certeza dos bens, que mais se deseyam se crem com mais deficuldade; sera nescessario buscar razão porque hum delles se presuada, que com mais segurança se pode descubrir, e quando lhe faltão as palauras sua turbasão fallara por elle.

Os temores que detem a Tirse nascem da honestidade que em Galatea conheçe e do grande que se pronostica declarandosse, persumindo que sendo a ninpha tal tera de ahi por diante sua companhia por suspeitoza, e como tal a fugira. Deue fundarse em que amor, em serto modo, emcontra a honestidade. como ho sentia Camilla em Grasilasso naquelles Versos.

> Tu no Violaste nuestra compañia
> querendo la torçer por el camino
> que de la Vida honesta se desuia.

E dara por rezão que huma he uirtude quieta, e recolhida, e outro hum furor desatinado, porque se disse.

> Igneus iste furor nescit habere modum.

(Fallo de Amor não in abstracto, como dizem os philosophos, que por si he efeito purissimo, mas in concreto e depois de Vestido com nossa natureza, de cuja imperfeisão toma a qualidade) E esta contrariedade, paresse que testemunha a natureza nas cores que a Vergonha tras ao rosto de huma honesta donzella, ouuindosse tratar de amores, como em sinal da repugnancia, que entre si tem Amor e honestidade; tal a pinta Ouuid. no 1º dos Metamaph. onde dis.

> illa uelut crimen, te das exosa rugales,
> etta.
> pulcra uerecundo suffundeis ora rubore.

Entendendo o assi Tirse e tendo por certo perder a companhia de Galatea, iulgara por menor mal passarse sem descobrir o que sente, que ariscarse a perder o bem de que se sustenta; lembrarse â do exemplo de Albanio com Camilla, en o alheio mal se ensinara a temer o propio.

Galatea da outra parte achara, que encontra mais sua honestidade, o descubrir en si affecto que tanto he contra ella, temendo, quando caya neste erro não agrade a Tirse, assi por faltar na Virtude que mais se deue estimar na cousa amada, como por ser ordinaria condisão dos homens, não prezar tanto o que nesta materia se lhes ofereçe.

Estes são os principais fundamentos dos temores de cada hum, e eu cotejando os acho que Galatea fas o que deue a honesta, em se encobrir; e de aqui tiro huma consequencia que não ira segura em se manifestar. Ha rezão he, porque se assi fas o que deue, fara o que não deue descubrindose; e mal se pode esperar que com ho que he falta obrige a Tirse; pois para cortar raizes a Amor aconselha Ouuid. lib. 1º dexem. amoris. que consideremos faltas no soyeito amado:

> Saepe refert tecum sceleratae facta puellae.

E ainda que esta se entenda de maiores erros do que este fora, com tudo para hum amor limpo qualquer falta que toca ao espirito, he grande obstaculo, e não se pode negar que o seya rogar huma dama com sua afeisão, contra ho recolhimento que deue ao ser de honesta; fora disto he tam certo, nesta materia o Vulgar accioma, que os bēns tanto se prezão, quanto custão; pello mesmo cazo que Galatea se offereça pode presumir Verisimelmente, q̃ ou Tirse não admita seu amor, ou ho não estime tanto, que se de por obrigado ha iguoal correspondençia.

Confirmase esta opinião como outro argumento fortisimo; e he que se o temor de ofender a honestidade alheya, detem a Tirse, com muito mayor rezão detem a Galatea o receio de offender a propria; pois mais he contra ella oferecerse amante que admitir ser amada, e quanto o erro he mayor tanto ira menos segura, conforme ao que está prouado.

Ora posto que Galatea não pode seguramente manifestarse, e que hum grande amor yuntamente pertende paga na mesma moeda, se algum delles ha de abrir caminho aconselhara eu a Tirse; que elle o abrira descubrindose e dando conta de seu mal secreto.

Os temores que lho impedem não são bem fundados porque a honestidade não se ofende com ser amada puramente, e declarando a pureza de seu amor, pello menos ha de obrigar, quando não afeiçoe, e de obrigada, a amante, nem sempre he a distancia larga; quanto mais que aonde ha tanta familiaridade, he aparelho para manifestarse, raramente se Vio negar, a correspondencia, ha hum amor excessiuo, e uerdadeiro, aqui tem lugar o que Diz Marcial no 6º dos epig.

> Vt praestem pilladem, aliquis mihi praeste Orestem;
> Hoc non fit uerbis, Marce ut ameris, ama.

O exemplo de Albanio com Camilla não he bastante para acouardar yustamente a Tirse, porque se tinha a nimpha prometida a Diana, como mostra Gracilasso na mesma egloga.

> En su Verde niñes siendo offrecida
> por montes y por seluas a Diana.

E como todo ho amor terreste encontraua este Voto (não sendo o de familiaridade que Albanio quis trocer) guardou o poeta o decoro prudentissimamente, pintando a Camilla fugitiua, depois que o soube por não se ariscar, ao perigo das ocasiõens e das continuas mostras de amor, que no mais frio marmore podem asender fogo, e quando assi não fora, nem este exemplo tiuera alguma saida, era hum so caso estranho, pello quoal se não deue fazer regra.

Atreuasse pois o namorado Tirse, porque não tenha mais rezam de se queixar de sua couardia, que das tirannias de Amor a que todos poem a culpa.

   Arden Tirse igualmente y Galatea. etta.

   Siendo la causa Vniuoca a Vn effecto
   produze effecto tal los mismos actos,
   que el principal effecto produziente,
   assi pues que de Amor, amor renasce,
   y es descubrir amor effecto proprio:
   como Amor todo Vençe y todo puede
   todo puede Vencer el descubryllo.
   Callar es accidente, hablar sustancia,
   mas obligan las obras que el deseo;
   porque es de mayor fuerça, y eficasia
   la causa, puesta en acto, que en potencia.
   por lo qual deuen Tirse, y Galatea
   no callar sus deseos. i primero
   manifestar su amor aquel que tiene
   naturaleza, y animo mas reçio,
   para poder mejor sufrir los daños
   que pueden resultalle del peligro.
   supuesto que los dos esten iguales,
   en amoroso fuego, los sujetos
   que su Virtud, y calidad reçiben
   no se pagan de extremos semejantes.
   En ella siempre amor con amor creçe
   en el se aumenta mas con sus contrarios,
   que son honestidad, y resistençia.
   y con aquel furor que suele el rayo,
   hallando repugnancia y fortaleza,
   mostrar mas su poder, tambien el hombre,
   mas procura Vençer quien le resiste.
   assi que Vâ disirle a Galatea
   solo en mostrarse facil o dificil,
   ser ho no ser querida o estimada:
   con mas instancia amor como es perfecto
   la misma perfecion Vençer procura;
   la resistencia misma, como fuerte,
   no para con sumillos, mas hazellos
   de su naturalez, y qualidades.
   honor es perfecion en Galatea,
   resistencia asi misma el encubrirse,
   que es gran Valor la resistencia propria,

y no solo en dezir su pensamiento
de prefeccion se priua, y resistencia:
mas perdiendo estas causas que amor crian
(con que junto peresce el que las pierde)
pues el perdido honor jamas se cobra,
puede perder de Tirse el amor proprio
porque no repugnando a sus desseos
passaran sus effectos adelante,
como la luz por cuerpo transparente.
Pero con todo aunque aya contra Tirse
estas y muchas causas y razones,
ay otra mas forçosa de su parte,
la consideraçion de los contrarios
pone a la operacion impidimiento
y aquel sujecto o causa en quien se pone
mayor dificultad aqueste tiene;
menos obligacion de obrar primero;
dificultad mayor se representa,
al que a Ventura el todo por la parte
que a quien sola la parte por el todo;
y pues Tirse en perder su compañia,
pierde todo su bien y su esperança;
y ella en su honestidad la parte sola
perdone la señora Galatea
(si es que la ofendo) y mas seguramente
descubra de su fuego lo que siente.

17-18. *Fruito que aues não puderam. Porque no os canse una uida.* We have found no other copies of the first of these two interesting and somewhat older texts. Teófilo Braga, however, published both among the "inéditos" which he attributed to Camões in the *Parnaso*, of 1880 (Vol. III, pp. 260 and 258 respectively). Carolina Michaëlis rejected them as camonian products in "O Texto das Rimas...," *RSIP*, II (1882), 124, without commentary. The second text is a version of Pedro de Padilla's "carta," which appeared in his *Tesoro de varias poesías* (Madrid, 1580), f. 194 v.

19. *Señor no se despacha pertendiente.* Teófilo Braga published the sonnet among the "inéditos" which he attributed to Camões in the *Parnaso*, of 1880 (Vol. I, no. 363, p. 183). Carolina Michaëlis rejected the erroneous ascription in "*O Texto das Rimas...*," *RSIP*, II (1882),

124, and also in the "Investigações...," *RHi*, XXII (1910), 580. Braga accepted this correction in his work *Camões, A obra lyrica e épica*, of 1911, but included it again as a work of Camões in the *Historia da Litteratura Portugueza. Renascença*, of 1914 (pp. 474-475), where he saw it as a commentary on "as complicações internacionais e o governo desvairado do jovem D. Sebastião."

The sonnet is obviously not the work of Camões, and other sources indicate the purpose at hand, if not the author. The text appears in the Spanish miscellany "Diversas curiosidades" which dates from the beginning of the 17th century. The text appears on fol. 83 r., with the title "Soneto que se dio al rey philipo 3." See Antonio Rodríguez-Moñino, "El manuscrito 'Diversas curiosidades' de la Biblioteca de Campomanes [1601]," *BRAE*, XXXIV (1954), 366. Additional MSS recordings: —BNL, MS. F.G. 8920, fol. 394 v., and 395 v., "Soneto q̃ se fez em Madrid año de 1601"; —BNL, MS. 132, fol. 71 r., of the Pombaline collection, "Soneto 36. Satirico, feyto em Madrid a el Rey Phelipe 4° [sic]"; —BPA, MS. 52-IX-27 (previously, 51-II-1), fol. 121, "Sonetto que se fes a el Rey"; —BNM, MS. 3795, fol. 299. All of the MSS indicated include texts of the first years of the 17th century which circulated equally in Spain and Portugal. The King referred to is Philip III (1598-1621), the Queen, Margarita de Austria, and the Duke, the first Duque de Lerma, don Francisco Gómez de Sandoval, the "primer ministro y valido del rey." The Court moved to Valladolid in 1601 and precisely in the same year Spain's international politics, from Flanders to Turkey, began openly to suffer critical reverses.

20. *Voto a Dios que me admira esta grandeça*. An additional text of the well-known sonnet of Cervantes, written in Sevilla on the occasion of the exequies of Philip II. See the study of Francisco Rodríguez Marín, the most extensive on the poem to date, in his edition of Cervantes' *Viaje del Parnaso*, pp. 513-527. Much additional material, bibliographical and critical, will appear in the forthcoming detailed study by Don Antonio Rodríguez-Moñino. See also Elias Rivers' "Cervantes' Journey to Parnassus," *MLN*, 85:2 (1970), 243-248, for a brief treatment of the sonnet's place among Cervantes' works and additional bibliography.

21. *Si mil uidas tubiera que entergaros*. Teófilo Braga published the sonnet among the "inéditos" taken from the present MS and attributed it to Camões in the *Parnaso*, of 1880 (Vol. I, no. 365, p. 184). Michaëlis de Vasconcellos rejected this attribution in "O Texto das Rimas...," *RSIP*, II (1882), 114, and suggested that the text was the work of Miguel Leitão de Andrada, as it appeared in his *Miscellanea*..., of 1629, fol. 270. The collectionist nature of Andrada's work, however, led Carolina Michaëlis to doubt even this attribution, and upon discussing the sonnet in her article "Investigações...," *RHi*, XXII (1910), 577, she described the author as unknown. Joseph G. Fucilla has recently called attention to the sonnet in the article "Two Sonnets ascribed to Lope de Vega," *Hispanófila*, no. 16 (Sept. 1962), 103-109. His suggested attribution of the text to Lope is based on three plausible points: the sonnet is recorded as Lope's in the late 17th-century MS. AD XI, 57 of the Braidense Library, Milan; a version of the text was printed in Miguel de Madrigal's *Segunda parte del Romancero general...*, of 1605, fol. 191, thereby placing it within Lope's lifetime; and, that the distinctive use of verb and object pronouns as rhyme words "are similar to those employed by him [Lope] in several other instances." As a pertinent example of the last point, Fucilla cites the Lope sonnet "Yo no quiero más bien que sólo amaros" from the 1602 edition of his *Rimas,* and we reprint for comparison the earlier version of the same sonnet, which was incorportated in the text of *Los Comendadores de Córdoba,* ca. 1593 (see J. F. Montesinos, "Contribución al estudio de la lírica de Lope de Vega," *RFE,* XI [1964], 298-311).

> Ya no quiero más bien que solo amaros
> ni más vida, señora, que ofreceros
> la que me dais cuando merezco veros
> ni más gusto que veros y agradaros.
>
> Para vivir me está bien desearos,
> para ser venturoso, conoceros;
> sólo le pido a Dios para entenderos
> ingenio que ocupar en alabaros.
>
> La pluma y lengua respondiendo a coros
> quieren al cielo espléndido subiros
> donde están los espíritus más puros,

que entre vuestras riquezas y tesoros
papel y lengua, versos y suspiros
de olvido y muerte vivirán seguros.

The text printed by Miguel de Madrigal in the *Segunda parte del Romancero general*..., a reworked and less successful version, is as follows (ed. Joaquín de Entrambasaguas, Vol. II, p. 324):

Si mil almas tuuiera con que amaros
Dellas todas en vos hiziera empleo.
Si el otro fuera ygual a mi desseo
Pensara tener poco para daros.

Qusiera vn Argos ser para miraros,
Para conmigo vniros vn Briareo,
Para tañeros gustos, otro Orfeo,
Y otro Homero mejor para cantaros.

Fuera el Mayo en belleza por vestiros,
En fuego el amor mismo por quereros,
La fama en lenguas por mi amor deziros.

Sol, para con sus rayos defenderos
Del mundo, Rey para con el seruiros,
Y cielo para siempre posseeros.

The composition of the sonnet of the present MS is certainly no later than the first few years of the 17th century, and most probably dates from the closing years of the 16th. The text enjoyed considerable popularity throughout the Peninsula, evidenced by the wide range of MSS in which it is copied and the two known printings, and by the number of immitations and related sonnets of its type produced in the period. As examples of the related texts, in addition to text no. 44 of the present MS., we include the following five sonnets. The first appears in MS. CIII / 2-14, fol. 217 v., of the BPADE, transcribed in a group of poems by the Conde de Salinas. The second text, taken from MS. 1737, fol. 118 v., of the Torre do Tombo, also appears in the MS of the BNM described by J. G. Fucilla in the article "Poesia española (Manuscrito 756...)," *PMLA*, LVII (1942), 370-403. The third text is taken from MS. 3913, fol. 156 v., of the BNM. The fourth text appears is the so-called "Cartapacio de Pedro de Lemos," MS. 1577, fol. 33 r., of the Palacio de Oriente, Madrid.

The fifth text appears in the late-16th-century MS. 3888 of the BNM, fol. 288 v.

1) Si mil almas tuuiera q̃ entregaros
   todas a uostra ingratitut rendiera
   pa mostrar q̃ quoando mas os quiera
   os amo solamente por amaros.

   No intenta mi dezeio el dezearos
   q̃ quen dezeia. fin algun espera
   i quoanto mas en vestro amor hiziera
   no putento por premio el agradaros

   Amo por fe y hizo intentos uanos
   q̃ solo tengo aquel por amor iusto
   q̃ ama sin fin sin fruto ni esperanca

   Sahir quoando padesca a uestras manos
   tiene la uoluntad vn solo gusto
   q̃ cõ amor firme nadia alcansa.

2) Quien tuuiera mil Vidas q̃ entregaros
   quien tuuiera mil ojos con q̃ veros
   quien tuuiera mil bienes q̃ offereceros
   y Voluntades mil con que adoraros,

   Quien tuuiera mil braços con que ataruos
   quien mil laços de Amor con q̃ prenderuos
   quien mil templos tuuiera en q̃ poneruos
   y con aromas mil yternizaruos,

   Mas pues mal se me logran mis dezeos
   por ser mil uezes firme en ser amigo
   persiganme mil males de furtuna.

   Mil tormentos me den y mil reçeos
   que mil e mas apadecer me obligo
   por Vos senhora que entre mil sois Vna.

3) Quien se pudo alabar despues de veros
   se puede ser que se libro de amaros
   ni merecio quereros ni miraros
   pues que pudo miraros sin quereros

   Yo que le mereci sin mereceros
   mil almas quando os vi quisiera daros
   si lo que me costado el dessearos
   aluenta recibis del ofenderos

Mandame amor que espera i yo le creo
por lo que dicen que esperando alcança
aunque tan alta la esperança veo

Pero si os a ofendido mi esperança
dexalde la vengança a mi desseo
y no querays di me maior vengança.

4) Los ojos q̃ pecarom en miraros
es justo q̃ lo paguen con no ueros
el alma q̃ he puesto en merezeros
no se atreba jamas a desearos.

Mi lengua ya no goze de hablaros
pues no pudo con lastimas moueros
mis lagrimas no puedem deteneros
pues nunca fuerõ parte en ablandaros.

Do todo sea el fim ṽa partida
y venga en tal estremo el descontento
que sea cabe con vos mi triste vida

con q̃ el morir no escuse lo q̃ siento
porque no quede el alma tan perdida
que vida en soledad de su tormento.

5) Qual dicha pudo ser mayor q̃ veros
ni qual gloria mayor q̃ contẽplaros
ni qual bien pudo ser mayor q̃ amaros
si vuiera quien pudiera meresceros

Dichosa fue mi suerte en conoceros
dichosa el alma mia en conuersaros
dichosa mi memoria en no oluidaros
dichosa si esparara no perderos

Mas qual dolor iqual qual cruda fuerte
que aueros de dexar vna vez vista
y auerse de partir quien tanto os ama

Ay triste despedida ay dura suerte
sin ti mi Vandalin y sin tu vista
ay como e de durar triste en tal llama.

The authorship of the sonnet in the present MS is problematical. In addition to numerous copies with no indication of author, the text is once attributed to Lope, as indicated above, and doubtful in our opinion, once attributed to Barcelar, in obvious error, and on numerous occasions, especially in MSS of Portuguese provenience, is ascribed directly to Diogo de Silva e Mendoça, the Conde de Salinas and Marquês de Alenquer, or copied in groups of other poems known to be his. It is very possible that the Conde de Salinas was indeed the author of the sonnet in its present form, as the weight of evidence would have it, by the reworking of materials from other sources. The subject matter of the text is not foreign to his poetry, nor is the technique of construction. The question cannot, however, be so easily decided, and we note that the poem does not appear in what is perhaps the most extensive collection of his poetry: MS. B. 2460 of the HSA (Moñino-Brey, *Catálogo*..., no. CCXIV. Cf. Gallardo, *Ensayo*, I, 142 ff., Luis Rosales, "Poesías de D. Diego de Silva y Mendoza...," *Escorial*, XLVII [1944], 109-121, Luis Rosales, "La obra poética del Conde de Salinas," unpublished dissertation, Madrid, 1955, Edward Glaser, "Hum viso-rei que faz trovas...," in the *Estudios de filología e historia*..., pp. 217-240. and the *Cancioneiro de Corte e de Magnates*, the poems attributed to the Count in the index of authors (p. 604) and their respective notes).

Manuscript sources: —MS. F.G. 5864, fol. 130 r., of the BNL. Title: "Del Conde de Salinas a una Dama"; —MS. F.G. 8600, p. 254, of the BNL. Title: "A Christo Nosso Bem Soneto Compost pello Marquez de Alemquer"; —MS. 132, fol. 7 v., of the Pombaline Collection of the BNL. Title: "Soneto do Marquez de Alemquer"; —MS. 133, fol. 87, of the Pombaline Collection of the BNL. Title: "Ofertas a hũa dama. Soneto." (Bacelar). The first line reads "Si tubiera mil almas q̃ entregaros"; —MS. 685, fol. 12 v., of the Pombaline Collection of the BNL. Title: "Soneto"; —MS. 1818, p. 330, of the Torre do Tombo. Without title or authorship indication; —MS. 52-IX-27, fol. 69, of the Palácio da Ajuda. Title: "Soneto do Conde de Salinas"; —MS. 49-III-54, group 43, of the Palácio da Ajuda. Title: "De Sertorio a Princeza de Peralta." Text related to the printing of Leitão da Andrada, below; —MS. 526, fol. 47 r., of the BGUC. Title: "Soneto de q̃m dezejara ser epossiuirtudo pa merecer a Dama." Within a group of poems by the Conde de Salinas; —MS. 1080, fol. 76, of the BGUC. Title: "Loco deuo de ser, pues no soy santo. Soneto"; —MS. 1134, fol. 468, of the BGUC.

Title: "Finesas de hũ amante"; —MS. 2829, fol. 25 r., of the BGUC. Title: "A huma Dama Do Conde de Salinas"; —MS. CXIV-d / 1-29, group 7, fol. 11, of the BPADE. Title: "Soneto pᵃ alcancar qualquer dama por descreta q̃ seja"; —MS. 4117, fol. 21, of the BNM. Title: "Otro [soneto]." The first lines reads "Si mil almas..."; —MS. CL. VII, 353, of the Biblioteca Nacionale, of Florence, Fondo Magliabechiano. Two copies of the poem appear in the MS: fol. 204 r., beginning "Si tubiera mil almas...," and fol. 277 r., with the same first line. Cf. Marco Massoli and Enzo N. Gualdani, "Manoscritti di Materia Ispanica...," *Lavori Ispanistici*, Serie II (1970), 334 and 337. Both texts bear no indication of author; —MS. AD XI, 57, of the Braidense Library, Milan. See the references above concerning J. F. Fucilla's article. Fucilla also lists and collects the variants from another copy known to him in the MS. 416, fol. 150 r., of the "Fondo antico" in the Biblioteca Angelica, Rome.

Printed sources: —the variant version printed by Miguel de Madrigal, fol. 191 r., of the *Segunda parte del Romancero general*..., 1605, reproduced above; —the "Soneto de Certorio á Princesa Peralta" printed in Miguel Leitão de Andrada's *Miscellanea*..., 1629, fol. 270.

22. *Mi alma y tu beldad se despozaron*. The sonnet was collected by Faria y Sousa for his projected edition of the works of Camões (*Rimas*, Centuria III, no. XVIII, p. 330), in spite of a stated attribution to Dr. Aires Pinel known to him in "un manuscrito." The text given by Faria, beginning "Mi gusto y tu beldad se desposaron," differs substancially from the text of the present MS and from all the texts mentioned below. Michaëlis de Vasconcellos comments extensively on these differences in "Notas aos sonetos anonymos," *RHi*, VII (1902), 106-110, considering Faria's text to be his reworking of the original sonnet. In her article "Investigações...," *RHi*, XXII (1910), 543-544 and 585-586, Carolina Michaëlis also takes up the interesting attribution of the sonnet, "I.M.," which appears in the "Cancioneiro de Luis Franco Correia" (MS. F.G. 4413, belo). The sonnet is copied there as part of series of texts, all of which are accompanied with the enigmatic initials in the margin. Two possible interpretation, "Jorge Montemór" or "Impreso/Inédito de Mendoza,"

are offered, as sonnets known to be of these poets appear in the series.

There is no substance in the attribution of the text to Camões. The ascription of the text to Aires Pinel, given in the MS known to Faria y Sousa, is plausible, given the style of his works, if not completely satisfactory. We note, however, that it does not appear among his poems collected by his son, Fr. Tomás Pinel, in Salamanca in the years 1574-1576 (MS. 9-26-8 / D-206, of the Academia de la Historia, Madrid).

The sonnet was included in various poetic miscellanies of the period, with only the most minor of variants: —MS. F.G. 2 (previously, A-2-2), fol. 20, "Sonneto," of the BNL; —MS. F.G. 4413, fol. 148 r., "I.M.," of the same library; —MS. 3915, fol. 225 r., of the BNM. This text was published by Foulché-Delbosc, "136 Sonnets Anonymes," *RHi*, VI (1899), no. 128, p. 399. Teófilo Braga published the text from the present MS among the "inéditos" of Camões in the *Parnaso*, of 1880 (Vol. I, no. 366, p. 184), and Carolina Michaëlis excluded it immediately from the canon of the poet in the review article "Parnaso...," *ZRPh*, V (1881), 132.

23. *Entre as nuues se esconde o pensamento.* The sonnet is the work of Martim de Castro do Rio. It was first printed, with no indication authorship, in the *Riberas do Mondego,* fol. 165, 1623, of Eloi de Sá Sotomaior (see the modern edition, ed. Martinho da Fonseca, fol. 165). It appears also in the following MSS: —MS. 3992, fol. 61 r., of the BNM (*The Cancionero "Manuel de Faria,"* ed. Edward Glaser), "De Martim de Castro"; —MS. 4152, fol. 9 v., of the BNM ("The Cancionero 'Manuel de Faria' and MS. 4152 of the BNM," *Luso-Brazilian Review,* VI [1969], 22-43), "De Martim de Castro"; —The "Cancioneiro Fernandes Tomás," fol. 133 r., of the Museu Etnológico, Belém (Carolina Michaëlis de Vasconcellos, *O Cancioneiro Fernandes Tomás,* p. 54), "De Martim de Crasto"; —MS. 51-IX-27 (previously, 51-II-1), fol. 121 v., of the BPA, "Sonnetto"; —MS. 198 Vermelho, fol. 27 v., of the Academia de Ciências, Lisboa, "Soneto"; —MS. CXIV / 2-2, fol. 215 r., of the BPADE (*Cancioneiro de Corte e de Magnates,* ed. A. L.-F. Askins, no. 283), "Soneto"; —MS 127 (previously, 647), fol. 128 v., of the BPMPorto, "Soneto Amorozo." More recently the text has appeared,

taken from the present MS, in the *Antologia Portugueza*, no. 169, p. 213, published by Teófil Braga, from where it passed to the "inéditos" which Braga attributed to Camões in *Parnaso*, of 1880 (Vol. I, no. 367, p. 187). Carolina Michaëlis rejected the attribution in "O Texto das Rimas...," *RSIP*, II (1882), 124, and listed a series of sources for the sonnet in the "Investigações...," *RHi*, XXII (1910), 591. Antonio Francisco Barata also printed the text, taken from MS. CXIV / 2-2, of the BPADE, in his *Cancioneiro Geral, contiuação ao de Garcia de Resende*, p. 140.

Martim de Castro do Rio is for all practical purposes an unknown author to modern criticism. His importance for the literature of the period of the Dual Monarchy is increasingly apparent and he deserves an extensive study. He was the first born son of Diogo de Castro (previous to 1561, "Crasto"), an extremely wealthy Lisbonese merchant and convert, who dedicated much of his activity to financial support of the Portuguese Crown. These services were rewarded officially by Sebastian in a letter dated May 6, 1561, which gave the father "quinta do Rio" in Sacavem, a Coat of Arms, and the rights to modify the family name to "Castro do Rio." In 1575 Diogo purchased the rights to the Villa de Barbacena, near Elvas, and received with them the title of the "Senhor de Barbacena." Martim de Castro inherited all of the titles and honors of his father on the latter's death in the same year, 1575, becoming the second "Senhor de Barbacena." He also later became a Knight in the Order of Christ, and a "Fidalgo da Casa" of Philip III (II in Portugal). Martim and his younger brother, Duarte, had accompanied Sebastian on the illfated venture to Al Kasr al Kebir. Both were taken prisoner, and returned to Portugal only after the payment of heavy ransoms. In this same period he married Dona Margarida Henríquez de Mendoça, daughter of Dom Jorge Furtado de Mendoça and sister of Dom Afonso Furtado de Mendoça, the Archbishop of Lisbon. Martim died on January 27, 1613 (MS. 250, fol. 1 v., of the BPMPorto), and was first succeeded in all titles and honors by his eldest son, Luis de Castro do Rio, and then by the second son Jorge Furtado de Mendoça, setting thus the name and house of the Counts and Viscounts of Barbacena. The only modern consideration of extent concerning the poetry of Martim de Castro do Rio is the work of Edward Glaser, in his edition *The Cancionero "Manuel de Faria,"* pp. 57-62. Jorge de Sena offers the first basic biographical information in his *Estudos de História e Cultura,* vol. II, pp. 90-91.

24. *Que es esto Dios de amor que ya no vales.* This satirical sonnet is the work of Gregorio Silvestre. It appears in the three 16th-century editions of his poetry (Granada, 1582, fol. 305 v., Lisboa, 1592, fol., 365 v., and Granada, 1599, fol., 309 r.). Manuscript versions are frequently found. It figures, for example, in two of the so-called "Cartapacios Salmantinos" of the library of the Palacio de Oriente, Madrid: the "Cartapacio de Francisco Morán de la Estrella," MS. 531, fol. 165 r., and on fol. 143 v. of the pages bound with the "Cartapacio de Ramiros Çid y Piscina," MS. 1580. Teófilo Braga published the text, taken from the present MS, among the "inéditos" which he attributed to Camões in the *Parnaso,* of 1880 (Vol. I, no. 364, p. 183). Carolina Michaëlis, however, corrected this error immediately in "Parnaso...," *ZRPh,* V (1881), 400, without indicating the author. The present text follows closely those printed in the 16th century, while those of the "cartapacios" reflect the changes common to texts passing through manuscript transmission. We print below the unedited text of the Ramiros Çid y Piscina volume for comparison:

Otro Soneto

Ques esto dios de amor q̃ ya no bales
las damas dizen obras son amores
q̃ ya no quiere la g̃ras ni primores
sino buenas precas, o reales.

Rindieronse a un amor de tres metales
con oro y plata caen las mayores
y con el cobre tiran las menores
mas al fin todas son ynteresales.

Podeis acometerle sin Reçelo
con vna ermosa presa de moneda
a la mas linda muger de las del suelo.

quando algun Resauio en ellas queda
con vn arpon de Raso o terciopelo
las buelue amor mas blandas q̃ la cera.

**25.** *Larga cuenta que dar de tiempo largo.* This excellent octave of "memento iudicari" enjoyed exceptional popularity in Spain and Portugal during the 17th century. Numerous copies, with and without glosses, are found in poetic collections of the period. It was frequently sung as a set background piece for religious meditations and services, and appears incorporated into reflective soliloquies in plays by Lope and Tirso. The identity of the author of the text remains unclear, as does the specific occasion and date of its composition, even though manuscript and printed sources offer a considerable wealth of information concerning these points. Dates are given which range from 1598 (on the death of Philip II) to 1606 (as a confessional text at the point of death of the supposed author). The octave was first printed, however, as far as we are now aware, by Manuel Álvarez de los Reyes, in 1604, in a collection of religious meditations and laudatory poems, and the best available evidence would suggest that it was in fact written at the time of Philip II's final illness or shortly thereafter in connection with the exequies. Specific authorship attributions are given for Lope, Francisco Rodrigues Lobo, "the blind" Montalto, and Don Ladrón de Guevara, in addition to a standard and generalized group of unspecific ascriptions: "un agonizante," "un poeta," and "un penitente." The attributions to Rodrigues Lobo, Montalto, and Ladrón de Guevara are spurious in our opinion, as is the often repeated tradition summarized in the title which accompanies the work in the present MS. The attribution of the text to Lope is advanced by various Spanish MSS and printed sources of the period which record the work directly as his or include it in groups of his poetry. Lope may well be the author of the octave as these sources claim, yet conclusive proof has not been forthcoming, and considerable doubt remains. The fact that it does not appear in any of the collections of poetry which he published during his lifetime may or may not be indicative. He did, however, write two distinct glosses of the text, and one of these at least first circulated in print in 1613. This gloss, beginning "Si duermes en tus vicios, alma mia," appears in a chap-book the title of which reads: *Segvnda parte del desengaño del hombre, sobre la octaua que dize: Larga cuenta que dar de tiempo largo. Cõ otra que dize; Yo para que naci. Con vn Romance de Escarraman buelto a lo diuino. Compuesta por Lope de Vega Carpio, a pedimiento de un caballero, tercero de la Orden de San Francisco* [Salamanca, 1613]. The gloss is clearly Lope's work, yet the wording of the title leave in doubt the specific authorship of the octave itself.

In the following summary of manuscripts and printed works presently available to us which contain the text, we list first those which present the octave alone and then those in which it is accompanied by a gloss: —MS. F.G. 8920, fol. 395 r., and fol. 396 v., of the BNL. The copies are late additions to the MS; —MS. CXIV / 2-2, fol. 200 v., of the BPADE. Title: "Oitauas q̃ fez Dom Ladron de Geuara (sic) estando pera espirar e acabando acabou A uida." See the *Cancioneiro de Corte e de Magnates*, no. 244, p. 471 and p. 572; —MS. CXXI-d / 2-25, the third of the final folios, of the BPADE. Title: "Outauo"; —"Liuro de recreação," fol. 17 v., of the Museu Etnológico, Belém. Title: "Oitaua q̃ compos hũ poeta estando morrendo em Madrid, 1600"; —"Livro Terceiro de Poesia," fol. 96 r., of the same library. Title: "Juebes" (in a series of daily meditations); —MS. 72. Col. D-2, p. 13, of the BPMPorto. Title: "Octava. De Montalto, cego de nacim.$^{to}$" See C. Michaëlis de Vasconcellos, "Investigações...," *RHi*, XXII (1910), 545; —MS. 3895, fol. 67, of the BNM. Title: "Octaua"; —MS. 17,557, fol. 90, of the BNM. Title: "Otaua al Juiçio del Marques de Montesclaros." The name of the Marqués is crossed out in the MS; —MS 19.387, fol. 201 v., of the same library. Title: "Otra [octava]"; —MS. 7746, fol. 55 v., also of the BNM. Title: "Vn penitente aparejandose para confesar que andaba muy distraido tomo la pluma y escriuio esto y quedose m.$^{to}$ con la pluma en la mano al parecer tubo contriçion. Fue en Madrid en Agosto de 1599"; —"Cancionero de Francisco Ortega," fol. 136 v., of the personal library of Don Antonio Rodríguez-Moñino. Title: "Octava"; —"Cancionero manuscrito de Juan del Alvarado," fol. 89 r., in the same library. Title: "Otaba"; —MS. B. 2504, fol. 273, of the HSA (Moñino-Brey, *Catálogo*..., no. V). No title, but with the following note: "desta 8$^{ua}$ vssan en sus conuentos despues de las disciplinas y meditaciones Todos los frayles descalcos recoletos asi fransiscos capuchinos como carmelitas de donde la tomaron todas las congregaciones de seglares q̃n.$^{do}$ se juntan las x.$^{tas}$ en algunas iglesias a sus disiplinas y exercicios espirituales. cantala en voz alta y themerossa vn frayle desde el choro o vn clerigo desde el altar mayor de la igla. parrochial donde se juntan. Es cosa deuota y que haze a los muy desalmados themerossos de Dios y cuydadosos de sus Almas."; —Professor Edward Glaser has called our attention to a use of the first line of the octave in Gregorio de San Martin's *El trivmpho mas famoso que hizo Lisboa a la entrada del Rey Don Phelippe...*, fol. 4 v. (see his *Estudios Hispano-portugueses*, p. 115), and to what is perhaps the first printing of the text, in Manuel Álvarez de los Reyes' *Libro real de las alabanças de la gloriosa santa Ana y san Ioachin...* (Lisboa, 1604), with the title "Recverdo a los olvidados de El riguroso dia del juyzio."

Gloss A. Additional copies of the gloss found in the present MS, apparently written by a Portuguese, appear in: —MS. 1080, fol. 35, of the BGUC. Title: "Oytaua que fes em Madrid hum poeta q̃ morreo acabada ela. Gloza. Fala a alma com o corpo."; —MS. 1800, fol. 2, of the same library. Title: "Outaua com sua groza, de çerto agonizante, que no fim da obra, o deu tambem a sua vida." This MS is the 2nd volume of Damião da Cruz' *Crystallino espelho e memorial da vida humana*. See Barbosa Machado, *Bibliotheca Lusitana*, Vol. IV, p. 94; —MS. 51-II-42, fol. 24 r., of the BPA. Title: "Outaua. Gloza Segunda."; —MS. 51-VI-2, fol. 341, of the same library. Title: "Gloza. Corpo. Alma." And at the end "O poeta q̃ fez a outaua diz q̃ morreo desupeto em Madrid o anno de 1606, grozou-o hũ frade portugues da ordem de S. Fr.<sup>co</sup> introduzindo alma do poetta com o corpo."; —MS. 52-IX-27, fol. 43 r., also of the BPA. Title: "No anno de 600 compos hũ poeta em Madrid a outaua seguinte, e acabando-a de escreuer morreo de morte subita, mas tinha sse confessado no mesmo dia."; —MS. 1817, fol. 82 r., of the Torre do Tombo. Title: "Na morte de Rey Phelippe 2°."; —MS. 2037, fol. 306 v., of the Torre do Tombo. Title: "Desenganho de la uida Humana. Gloza."; —MS. 2041, fol. 40 v., of the same library. Title: "Oitava Ao Desengano do Mundo com varias glozas. Gloza 4ª."; —MS. 3, fol. 18 v., of the Pombaline Collection of the BNL. Title: "Oitaua de Lope a morte de Phelipe 2°."; —MS. 7, fol. 46, of the same collection. Title: "O Poeta q̃ fez esta outaua acabado o ultimo verso morreo de morte subita em Madrid no Anno de 1600, mas tinhase confessado no mesmo dia. Grosou-A hum religioso portugues introduzinho o corpo do Poeta morto falando com a alma."

Gloss B. Lope's gloss, beginning "si duermes en tus vicios, alma mia," appears in the chap-book, first published in 1613, discussed above. For more particulars, see the description in B. Gallardo, *Ensayo...*, no. 4224, J. Millé y Giménez, "Apuntes para una bibliografía...," *RHi*, LXXIV (1928), 377, and A. Rodríguez-Moñino,

"Poesías ajenas...," *HR,* XXXVII (1969), 205, item 30. Gallardo had also seen a second edition of the work, which he encountered in the BNM, and which was published in Madrid. Additional copies of the gloss are found in: —MS. 626, group 5, of the BPMPorto. Title: "Desengaño del hombre de Lope"; —MS. 2037, fol. 293 r., of the Torre do Tombo. Title: (for the octave) "De Francisco Roiz Lobo"; —MS. 9/5156, fol. 34 r., of the Academia de la Historia, Madrid. Title: copy of that of the chap-book; —MS. 4154, fol. 262 v., of the BNM. Title: "Otra glosa a la Octaua Larga cuẽta q̃ dar"; —Gerónimo de la Madre de Dios, *Ramillete de divinas flores...,* fol. 82. We print the text of the 2nd edition of the chap-book (Madrid, 1615), generously supplied to us by Professor William Whitby:

GLOSSA

Si duermes en tus vizios alma mia,
Razon sera del sueño despertarte,
Con la memoria del tremendo dia,
Que el mesmo Dios vendra a residẽciarte:
Haz algun bien pues del estas vazia,
Que de tu mal restaure alguna parte,
Pues sabes ya que lleuas a tu cargo,
Larga cuenta que dar de tiempo largo.

El inquieto fiscal de tu consciencia
Mil flechas de temor arroja y tira,
Mostrandote por puntos la potencia
De tu clemente Dios ardiendo en ira:
Antes que llegue la final sentencia,
Tus soñolientos ojos abre y mira,
Que son la vida, y el morir penoso,
Termino breue, transito forçoso.

Solo en el duro transito postrero
Donde has de recibir pena, o castigo
Veras hecho Leon quien fue Cordero,
Y al que te amaua, buelto en enemigo:
Inclementes verdugos, juez seuero,
Muchos contrarios, y ningun amigo,
Sentencia pronunciada sin embargo.
Terrible tribunal, juyzio amargo.

Alli está temeroso y tremebundo
El animo mas fuerte y mas constante,

Viendo ya el centro abierto del profundo
La eterna y viua llama crepitante:
Y el sacro rostro que alegraua al mundo
Trocado en duro y aspero semblante,
Sera aunque mas benigno y amoroso,
Aun a los mismos Santos espantoso.

Mil vezes de mi vida con la pluma
De la contemplacion hago vn tanteo,
Antes que el curso del morir consuma
La flor casi marchita que posseo.
Y al fin hallo que son hecha la suma,
Del vizio, y la virtud en que me empleo,
Por mas que en mi fauor la cuenta alargo
Muchas las culpas, debil el descargo.

Rompe pues alma mia el lazo fuerte
Que te puso del vicio el torpe encanto,
Dexa el vano plazer, lagrimas vierte,
Laue las manchas de tu culpa el llanto:
Siempre dormida estas, basta a mouerte,
Saber que en dia que te importa tanto,
Has de ver en tu pleyto peligroso,
Recto el juez, y entonces riguroso.

Lleua delante siempre en la memoria,
Que es aquel riguroso y triste dia
Dia en que importa la mayor victoria,
Tiempo que no sera el que ser solia:
Momento en que se alcança pena o gloria
Hora en que teme mas, quien mas confia,
Instante en que se yo lo mas eterno,
Punto en que va a gozar de Dios eterno.

El son de la trompeta temerosa,
En las orejas ya retumba, y suena,
Con cuya voz terrible y espantosa,
Vn elado temor mis huessos llena:
Disponte a dar la cuenta, que es forçosa,
Pues no importa lleuar la mala, o buena,
Menos que vn gozo lleno y sempiterno,
O penar para siempre en el infierno.

Gloss C. A second gloss apparently by Lope appears in: —MS. 2037, fol. 305 r., of the Torre do Tombo. Title: "Otra"; —MS. 2041, fol. 37 r., of the same library. Title: "Oitaua Ao Desengano do

Mundo com varias glozas. Glosa 2ª"; —MS. 585, fol. 30 v., of the Pombaline Collection of the BNL. Title: a later hand has added "Otra de Bacellar."; —MS. 9/5156, fol. 32 r., of the Academia de la Historia, Madrid. Title: "Al Desengaño del hombre por Lope de Vega Carpio"; —MS. Add. 18,155, fol. 23 v., of the British Museum. Title: "Despertador del pecador dormido. Octauas del dicho Lope de Vega"; —Luis Ramírez de Arellano, *Avisos para la Muerte*, p. 278. Title: "Despertador del pecador dormido." The text first appeared in the Lisbon, 1659 edition of the *Avisos,* fol. 142; —Gerónimo de la Madre de Dios, *Ramillete de divinas flores*..., fol. 85. We print the text from MS. 2041 of the Torre do Tombo:

          Glosa 2ª

Si por obra, palavra, o pensamiento
en vna Vida de peligros llena
puede el hombre pecar, y en vn momento
al Infierno vn pecado le condena:
Si son sus enemigos tan sin cuento
tan fuertes, y el tan flaco; Con que pena
avrá de estar, teniendo con tal cargo
Larga cuenta que dar de tiempo largo?

Si desta estrecha cuenta algun culpado
se pudiera escapar humanamente
o, a lo menos, viviera asegurado
de vida, y penitencia suficiente;
Pudiera su dolor ser aliviado:
Mas da Dios por castigo al negligente
en vn caso tan arduo, y peligroso
termino breve, transito forçoso.

Y como con suave melodia
llama Dios en el Mundo al más perdido
hasiendo mil milagros cada dia
con aquellos, q̃ mas le han ofendido;
Assi como es de pecadores guia
assi con solo verle embravecido
les ha de ser, al tiempo del descargo
terrible Tribunal, Juizio amargo.

Advierta el pecador mas engolfado
en medio de las olas deste suelo,
Si fuesse de repente presentado
delante del Señor de Tierra, y Cielo,

De breves pensamientos acusado,
quien le podrá ayudar a dar consuelo,
puesto en vn Tribunal tan riguroso
aun a los mismos Santos espantoso?

Si tiene de sus obras confiança
que son las que aseguran su partido,
pese bien su justicia en fiel balança
pues lo ha de haser por ella compelido:
Que si quiere mirar si Dios le alcança,
segun lo que ha pagado, y recebido,
Verá que son de su processo largo
Muchas las culpas, debil el descargo.

Mirese de sus yerros acusado,
y acusado con furia inexorable,
segun recta justicia condenado
a fuego eterno, y pena perdurable:
Verá que p$^a$ vn hombre tan culpado
Caso no puede aver mas miserable,
que tener en vn pleito tan dudoso
recto el Juez, y entonces riguroso.

Y pues, que Dios le da lugar bastante,
agradescale humilde su ventura,
considere este Mundo vn solo instante,
Verá que es cieno, quanto en el procura:
Procure de enmendarse en adelante
Porque no puede aver mayor locura,
que perder por vn bien, q̃ es casi Infierno,
punto, en que va a gosar de Dios eterno.

Y pues que Dios el alvedrio le ha dado,
p$^a$ que escoger pueda libremente,
pues a su semejança le ha creado,
dandole natural tan excelente,
Mire a qual de los dos se ve inclinado,
qual se parece ser mas conveniente:
Gosar de Vida eterna, y bien eterno,
o penar p$^a$ siempre en el Infierno?

Gloss D. A gloss, apparently by Alonso Palomino, appears in the MS. "Jardin del alma," fol. 11 r. The MS was compiled in the first third of the 17th century, and is now in the personal library of Don Antonio Rodríguez-Moñino:

Glosa del Auctor

Alma perdida que de tanta suma
de graçias beneficios y m̃rds
como en su libro dios te pide y suma
ningun descargo darle en quenta puedes
antes que la partida se Resuma
y aprisionada por la deuda quedes
aduierte que te queda en trance amargo
Larga quenta que dar de tiempo largo.

El plaço mas alegre del contento
el discurso mas largo de la vida
todo se çifra en humo sonbra y viento
y es ymagen del sueño fementida
solo queda del gusto el descontento
verdugo es la memoria mas querida
y trae consigo el bien mas Benturoso
termino breue transito forçoso.

Al supremo señor de çielo y tierra
al que manda la carcel del avismo
al que Rige la mar y el viento ençierra
y el querer y el poder tiene en si mismo
al que hace al fuego en el ynfierno guerra
y es todo el mundo çero en su guarismo
as de tener para pedirte el cargo
terrible tribunal juicio amargo.

Auiertas las gargantas del ceruero
llamas eternas vomitando ardientes
el pecho ponçoñoso el Rostro fiero
Rauiosas las entrañas y los dientes
Poderoso yndignado el Juez seuero
hombres, demonios y Angeles presentes
expectaculo orrendo congojoso
aun a los mismos Sanctos espantoso.

Mil testigos alli que todos juntos
agrauan los delitos del proçeso
mil Berdugos feroçes que por puntos
el castigo ejecutan del exceso
muchos los auogados qual difuntos
arqueando las çejas al suçeso
tu dormida en tus viçios y letargo
muchas las culpas debil el descargo.

La Berdad escriuano de la causa,
el fiscal Riguroso tu conçiencia
El enemigo Relator que causa
nuebo pauor en la temida audiencia
Alguacil el pecado que sin pausa
te lleba al juicio a la ymperial presençia
donde veras quanto te fue piadoso
Recto el juez y entonçes Riguroso.

Colgada tu esperança en debil hilo
que le amenaça el afilado corte
vuelto en pauesas el vital pauilo
Sin Radical humor ni luz que importe
tu perseguida, sin fauor ni asylo
sin fuerça alguna que el temor no acorte
punto para vajar al triste aberno,
punto para goçar de dios eterno.

En tanto agora que la flaca lunbre
con sus yntercadencias se sustenta
trueca en dolor la natural costunbre
que aquesto solo corre por su cuenta
Si lleba la Balança pesadunbre
su sangre a dios en ella le presenta
que en esto esta tu gloria y bien eterno
o penar para sienpre en el ynfierno.

Gloss E. Professor Edward Glaser, in his *Estudios hispano-portugueses*, p. 115, calls attention to a gloss printed in Matheo Fernández Navarro's *Floresta Espiritual*, fol. 80 v., and has kindly supplied us with the first strophe of this gloss:

Hombre, mira, y aduierte
En que passas los dias y los años
No te coxa la muerte
En medio de tus vizios y tus daños
Que lleuas a tu cargo
Larga cuenta que dar de tiempo largo.

Gloss F. A gloss beginning "Alma, pues sois por Dios al cuerpo dada," in MS. 2041, fol. 42 v., of the Torre do Tombo.

### Glosa 5ª

Alma, pues sois por Dios al cuerpo dada
Reyna, y Maestra; y este es vuestro oficio,

tened la vida tan bien ordenada,
que contra la Razon no valga el vicio:
y pues p$^a$ la gloria sois creada,
y aca la mereceis nel exercicio,
Hasedlo bien, que al fin teneis a cargo
Larga cuenta, q̃ dar de tiempo largo.

Cuerpo terreno, y vil, mira quien eres;
mira, q̃ en corrupcion fuiste engendrado;
Mira, q̃ todo es nada quanto hisieres,
quanto piensas, y quanto has esperado:
Si al vivo conocerte mas quisieres,
por que seas mejor desengañado,
Mirate puesto en el dificultoso
termino breve, transito forçoso.

Almas, no consintaes los apetitos
Levanten contra vos bando tirano;
Pues fuerças, y favores infinitos
teneis de Dios inmenso, y soberano:
Sabed, q̃ uestros hechos tiene escritos,
p$^a$ jusgarlos, la Divina Mano;
Sabed que es p$^a$ el mas justo descargo
Terrible Tribunal, Juizio amargo.

Cuerpo, la condicion baxa, y terrena,
si a alguna torpesa mas te inclina,
al alma te sugeta, que te enfrena
con el santo rigor, y deciplina:
Si no mira la eterna, y dura pena
(p$^a$ el que no guardó la ley divina)
en el confuso carcel tenebroso,
aun a los mismos Santos espantoso.

Alma, vuestro inmortal merecimiento
alcançais peleando, al cuerpo vnida,
por este en el felice impirio assiento
reynareis en alegre, y santa vida:
Pero si algun impuro, y vil contento
os tuviere al infame yugo asida,
Hallareis ante Dios, en tiempo amargo,
muchas las culpas, debil el descargo.

Cuerpo, ya la hora en que naciste
empeçaste el camino haste la muerte,
mira su fuerça, a quien nadie resiste,
y qual sea la tuya incierta suerte:

Mira, q̃ el mal, o bien, q̃ en vida hisiste,
Manifiesto ha de ser nel passo fuerte
del dia, quando veas temeroso
recto el Juez, y entonzes riguroso.

Alma, si triunfante, y gloriosa
del cuerpo, que os espera, os apartastes,
dichoso es el, y vos tambien dichosa;
Pues los dos inmortal gloria alcansates:
De vuestra aspera vida, y trabajosa
cogueis frutos, q̃ en lagrimas sembrastes,
vos vistes, y el, con gusto tierno
puento en que va a gosar de Dios eterno.

Cuerpo, dos sendas ay aca en la vida
una de la verdad ardua, y dura;
De los vicios la otra mas seguida,
por varia, fresca, y de alegre anchura:
Camina pues por la de ardua subida,
de la otra te alexa, y su hermosura;
que los extremos son o bien eterno,
o penar p$^a$ siempre en el Infierno.

Gloss G. Also in the series of glosses in MS. 2041, fol. 34 v., of the Torre do Tombo:

### Glosa 1$^a$

Ya que incitada de escarmiento tanto
(si te sirve de Espejo el escarmiento)
quieres, Alma, en las fuentes de tu llanto
mostrar de tu impuresa el sentimiento,
Advierte, que este Mundo es Loco encanto,
buela velos a tu conocimiento;
Porque tienes en transe tan amargo
Larga cuenta que dar de tiempo Largo.

Mira, que es el morir, sin duda alguna,
no tu disposicion a Luego guardes,
que pues obraste mal desde la cuna,
en este Luego puede ser que tardes;
La prevencion discreta es La fortuna,
dexar obrar al Tiempo es de Cobardes;
Mira, que tienes en tu fin dudoso
termino breve, transito forçoso.

Y con ser este punto tan terrible,
Mayor cuidado deve desvelarte,
que si La muerte te parece horrible,
mas horrible es el Juizio, en q̃ has de hallarse:
Y advierte, que puede ser possible
perder La mayor dicha, y condenarte;
Pues hallarás en tu mayor descargo
terrible Tribunal, Juizio amargo.

Este rigor, que causa tu pecado,
no tiene que estrañar tu vida impura,
pues que tantos auxilios has dexado
por vn mal con vislumbres de Ventura;
No te admire, Alma mia, verle ayrado,
si aqui Le ha de temer Vida más pura;
Porque será su juizio riguroso
aun a los mismos Santos espantoso.

Pues si los mismos Santos admirados
temen en este dia Los rigores,
que harás tu, sepultada entre pecados,
sin mas guia, ni luz, q̃ tus horrores?
Sean, pues, tus delitos bien llorados,
pᵃ ver los Divinos resplandores;
Quando no, hallarás en tu Lethargo
muchas Las culpas, debil el descargo.

No duermas, pues, despierta a tu cuidado,
Mueve el afecto, aviva tu sentido,
Que puesto estés ya muerta en tu pecado,
pᵃ resucitar basta vn gemido:
Vn raudal de tus ojos despeñado
ahogue La occasion, q̃ te ha perdido;
Por no ver en tu transe Lastimoso
recto el Juez, entonces riguroso.

Considera, repara, mira, advierte,
que es el termino breve en La partida;
Pues no es mas, que correr pᵃ la muerte
el primer passo, que se da a la vida:
Contempla, q̃ en vn punto está tu suerte,
y de suerte este punto te combida,
que hallará en tu dolor tu llanto tierno
punto en q̃ va a gozar de Dios eterno.

Mas si como hasta aora tu Locura
diere La rienda a brutos apetitos,

siguiendo a rienda suelta La hermosura,
que te despeñe a montes de delitos;
La dicha perderás, q̃ eterna dura,
Habitando sin fin entre precitos,
Es pues, qual escoges; Bien eterno,
o penar p$^a$ siempre en el Infierno?

Gloss H. A gloss beginning "Ya los suspiros tristes de la muerte" found in: —MS. 2041, fol. 38 v., of the Torre do Tombo. Title: "Glosa 3$^a$"; —MS. 4154, fol. 220 v., of the BNM. Title: "Octaua que se hallo debaxo la cabeçera del Rey don Phelippe 2° n.$^{ro}$ S.$^r$ despues de Muerto. Gl. de vn Portugues." The text of the gloss is defective, lacking the final octave. We print the text from MS. 2041.

### Glosa 3$^a$

Ya Los suspiros tristes de La muerte
baten a Las aldavas de mi Vida,
Ya no se puede mejorar La suerte
ya la esperança vana es consumida:
El coraçon en lloro se convierte,
y, lo que siento mas en la partida,
es tener de vn cargo, y otro cargo
Larga cuenta que dar de tiempo Largo.

Si la bondad inmensa permitiera
que el curso de la vida dulze, y cara
en prolongados años se bolviera,
y en viva penitencia los gastara.
Entonzes alegremente despidiera
el Alma de las carnes; Mas la avara
suerte muestra con gesto tenebroso
termino breve, transito forçoso.

Ay misero de mi! q̃ en tiempo breve
mal se pueden remir culpas tan largas;
El Alma a levantarse no se atreve,
arrodillada de pesadas cargas:
ya se le representa como deve
condenarla el Señor, por las amargas
dulzuras, que buscava a passo largo.
Terrible Tribunal! Juizio amargo!

Que será, quando llegue a la presencia
del severo Juez, toda pasmada,
a ver lo que dispone la sentencia,

que p̃ siempre queda confirmada!
Que temblando estará de la inclemencia,
tanto de sus pecados rezelada,
en viendo aquel Juizio temeroso,
aun a los mismos Santos espantoso!

Si las almas sinceras, que seguieron
el camino del Cielo, despreciando
el gusto, que las cosas prometieron,
que el engañoso Mundo iba mostrando,
el transe rezelaron, y temieron;
que será de los tristes, que dexando
al Señor, se le muestra (a passo largo)
Muchas las culpas, debil el descargo?

Allá no valen dadivas, ni ruegos
(que los mortales pechos enternecen)
a libertar las Almas de los fuegos,
Si las passadas culpas lo merecen:
Ni la sentencia dan juizios ciegos,
ni los falsos testigos permanecen;
Todo lo jusga Dios; y aunque piedoso,
recto el Juez, y entonces riguroso.

Jusga, pues, el Señor en primer vista,
y no dexa remedio al condenado,
que por demas será pedir revista
en el caso por el determinado:
Pues lo mucho, que monte, o que consista
el salir bien, o mal averiguado
está que el pleito es grande, y de govierno,
punto en que va a gosar de Dios eterno.

O Ciertamente digno de memoria
el que vive de suerte, mientras vive
en esta sombra vana, y transitoria,
que la sentencia en su favor recibe!
Pues en alto pleito está la gloria
o la pena mayor, que se concibe,
Pues en el va a gosar de Dios eterno
o penar p̃ siempre en el Infierno.

Gloss I. A gloss beginning "Aquella estrecha hora es ya venida," in MS. 51-II-42, fol. 24 r., of the **BPA**:

Aquella estrecha hora hes ya Venida
en que piden al alma rezidencia

de los gustos e emgaños de una Vida
que el cuerpo uil danhó com su prezençia
El corto plazo, el tiempo a la partida
muy mas sercano ya que a penitençia
me llaman sin sosiego y tiempo a cargo
Larga cuenta que dar de tiempo largo.

Cuentas de largo tiempo que es passado
y a uos my gran senhor puze oluido
que solo pera amaruos me fue dado
y solo en ofenderos lo ey perdido
Cuenta de quantas graçias me aueis dado
y de quam muchas erros cometido
Contra vos tiempo, ay passo peligroso
termino breue tranzito forsozo.

Con qual Razon desculpare mi enganho
o qual satisfaçion tendre que daros
com los ojos menistros de my danho
en uestra offenssa qual podre miraros
Vos jues justo y Dios ay lazo estranho
que podre emcobriruos ou alegaruos
Sumo imperio Snccã sin embargo
terrible tribunal iuizio amargo.

Rezelozo temor que el pecho intierno
con tan aguda espada estas cortando
cerbero uil antissipado inferno
ado el alma entre fuego esta temblando
como podre sin guia y sin gobierno
uer un juizio tal do amenazando
se muestra Dios eterno y poderozo
aun a los mismos santos espantozo.

Podre mostrar un arrepemdimento
que el mismo dezemganho me emsenhaua
mostrar puedo hum dezeyo que auarento
ya mas em la uirtud se executaua
Dire que como uil flaco y sin tiento
cahy quando mi Dios me leuantaua
mas ha que el tiempo es corto el pleito largo
muchas las culpas debil el descargo.

Dire que uenser puede a mi rreçelo
y uencer facilm.<sup>te</sup> a tantos lasos
mirando al mismo Dios aca en el çuelo
abierto el pecho pregados ambos brassos

Dire que me acorde triste del Ciello
ya con el Arco y con la muerte abrasos
y no penssaua en trançe tan dudozo
recto el iues i entonçes rigurozo.

Ado se bolberá mi annima aflicta
sy el temor le amenaza em passo estrecho
que de una parte está culpa infinita
y de outra quien me Rimio y bien me a echo
Mi uida em manos de la muerte escripta
que si uoi sacar della el mi derecho
los bienes q̃ hiçe ay triste no diçierno
punto em que se ua a gozar de Dios eterno.

O tristes mal uenidos dezemganhos
o muerte dura izienta amarga y fiera
como no me duraste em tiernos annos
quando sin culpa y sin dolor moriera
O uida que en el fin muestras tus daños
traes cuentas donde ha el que te espera
o de emfrenar mejor el mal gobierno
o penar para siempre en el infierno.

Gloss J. The text of the octave translated to Portuguese, and with gloss beginning "Ay lagrimas da dor, ay sentimento" in: —MS. F.G. 10,810, fol. 120 v., of the BNL. Title: "Ao dia do Juiz"; —MS. 1045, fol. 116 r., of the BPMPorto. Title: "Oitauas glosadas do dia do Juizo." Another text "Virgem da conseisão, may diuina" is included between the fifth and sixth glossing octaves. We print the text of the BNL manuscript:

### Ao dia do Juiz

Larga conta, q̃ dar do tempo largo
em termo breve, hũ transito forçozo
terrivel tribunal, juizo amargo,
ainda aos mesmos Santos espantozo
muitas as culpas, debil o descargo
reto juiz, e então mais rigurozo
ponto emfim de gozar de Deos eterno
ou de penar sem fim no triste inferno.

### Gloza.

Ay lagrimas da dor, ay sentimento,
como não desfazeis meu coração?
ay suspiros ardentes, ay tormentos,

como me não mudaes a condição?
ay da morte terriveis pensamentos,
como me não banhaes em contrição?
Pois que conheço e sej ter a meu cargo
Larga conta, q̃ dar do tempo largo.

Que pouco dura hũ bem, se he bẽ chamarse
bem, as vitais miserias desta vida,
Pois correm de contino a despenharse
em miseria, e tristisima cahida:
pouco durão emfim, e ham de acabarse
passando pella morte tão temida
achando neste passo assas penozo
hũ termo breve, e hũ transito forçozo.

Quem fora sempre em lagrymas banhado
qual hũ Pedro na lapa derretido,
e não vivera sempre confiado
nas couzas deste mundo fementido:
pois q̃ tenho de ser examinado
dos peccados, q̃ tenho delinquido
achando neste bem por mais encargo
terrivel tribunal, juizo amargo.

Oh quem por não peccar nunqua nascera
pois fora menos mal q̃ haver peccado
ou antes q̃ peccara falecera
por não ter a meu Deos tão aggravado:
oh quem por seu amor sempre morrera,
pois então caminhara confiado
para aquelle juizo riguozo,
ainda aos mesmos Santos espantozo.

Que desculpa darej de meus dilitos
inormes, sem disculpa de ignorados,
os quaes por numeros ja infinitos,
pois forão de continuo duplicados.
nunqua forão em mim males finitos
sempre forão dilitos renovados,
por isso vejo neste passo amargo
muitas as culpas, debil o descargo.

Naquelle tribunal hei de dar conta
diante de Juis tão verdadeyro,
onde a contrição ja nada monta,
pois he tarde devendo ser primeyro
ahi verej então qualquer afronta,

que fis conta meu Deos manso cordeyro,
e verej, ô q̃ passo tão penozo,
recto o juis, e então mais rigurozo.

Naq̃lla final hora tão penoza
sendo de dar de vicios conta larga
hora, q̃ serâ a todos riguroza,
pois devemos dos males a descarga:
he hora para os Santos espantoza,
e a qualquel [sic] de nôs assas amarga.
pois he depois de ser temor interno
ponto emfim de gozar de Deos eterno.

Mas vôs, o meu Jezus, Deos adorado,
cujos perdoens são mais q̃ os meus dilitos
de vôs espero eu, Jezus amado,
hũ perdão desses vossos infinitos:
bem vejo este lugar tão apertado
bem vejo q̃ ha castigos inauditos,
bem sej q̃ ha gozar de Deos eterno,
ou penar sem fim no triste Inferno.

Professor William Whitby has also called our attention to further uses of the octave, in the theater of the Golden Age. Specifically, in Lope's *La fianza satisfecha* (see: Obras de Lope de Vega. B.A.E., vol. 187, p. 141), and in Tirso de Molina's *La Santa Juana, Segunda Parte* (see: Comedias de..., NBAE, vol. 19, p. 300). Professors Whitby and Robert R. Anderson have completed a critical edition of Lope's play, for the Cambridge University Press, that contains detailed considerations of the use of the octave in the plays. See especially pp. 33-41 of the Introduction to the edition.

The material presented here has concerned itself strictly with the sources for the octave and the various glosses known to us at present. Critical considerations can well view it, however, in a wider context as being one of a series of works turning on the theme of "time and account" which circulated at the turn of the 17th century in both Spain and Portugal, and the well known theme of "Tan largo me lo fiáis." A sonnet with the first line reminiscent of that of the octave was written by the Licenciado Juan Castejón, for example, for the exequies of Philip II in Murcia (see Antonio Pérez Gómez and Manuel Muñoz Cortés, *Justas y certámenes poéticos*..., vol. 1, p. 139). C. Michaëlis de Vasconcellos offers brief notes on works of this type in the "Investigações...," *RHi,* XXII (1910), 545, concerning specifically the sonnet "Pideme de mi mismo el tiempo cuenta," and a preliminary listing of sources for this same sonnet and variant versions appears in the *Cancioneiro de Corte e de Magnates...,* no. 318, p. 578.

26-27. *Adormido Rey despierta. Despertad del grave sueño.* The two "romances" are related, as they reflect the long peninsular tradition of politically inspired and satirical poetry addressed to abuses in the governing circles. The first text, in the standard mold of the "romancero nuevo" expresses its concern with undue influence of the ministers on the King employing common places of classical imagery and indirect allusion to various figures in Spanish political history. The second, cast in a free variant of the "romance" form, concerns itself with a series of admonishments directed specifically to the Portuguese nobility during the period of the Dual Monarchy. The rustic imagery of the text is within the tradition of the well-known "Coplas de Mingo Revulgo," and more particularly in Portugal, the series of letters written to the King Sebastian advising against the African expedition, and the widely circulated "Dialogo entre um ermitão e um pastor," written against the General Pardon in 1605 (for the texts, see: *O Cancioneiro de Corte...,* nos. 146, 176, and 245. For general considerations, see Hernani Cidade, *A Literatura Autonomista sob os Filipes*). The political intent of both texts speaks clearly to the general malaise current in Spain and Portugal in the reigns of both Philip III (1598-1621) and Philip IV (1621-1665), but the second text, at least, circulated in Portugal in the closing years of Philip III's reign. It appears, for example, with the title "Ao tempo presente," in a MS miscellany of prose and verse which was in the process of being compiled between 1618-1621 (with some later additions): MS. 348, fol. 32 v., of the BGUC.

28. *Não vejo meu bem presente.* The "mote" and the gloss are the work of Vasco Mousinho de Castelbranco, and appear printed in his *Discurso sobre a uida e morte de Santa Isabel Rainha de Portugal e outras varias Rimas* (Lisboa, 1597), fol. 133. The printed text is defective, missing line 18 of the present version. There are a number

of inconsequential variants. Teófilo Braga attributed the text to Camões without reason among the "inéditos" he published in the *Parnaso*, of 1880 (Vol. III, p. 262). Carolina Michaëlis rejected Braga's ascription in "O Texto das Rimas...," *RSIP*, II (1882), 124, even though unaware of the identity of the author.

29. *D'Arca do testamento Vai tirando*. We have found no other copies of this Portuguese "Elegia," in "terza rima." Employing both Classical and Biblical references in direct relation to his own situation, the unknown author presents an "Apologia pro vita sua" after an apparent fall from grace, protesting both his unselfish service to the Crown and the Kingdom, and the injustice of his inability to regain positions of confidence. His position, the noble and untainted background of the family, and his role as a man of law and letters are expressed briefly in lines 64-72.

30. *Amor temor e cuydado*. We have found no other copies of this Portuguese "vilhancico" in the traditional style, and which draws on the standard themes of 16th-century courtly lyric. Teófilo Braga attributed it to Camões upon publishing the text in the *Parnaso*, of 1880 (Vol. III, p. 263), but Carolina Michaëlis rejected the ascription in "O Texto das Rimas...," *RSIP*, II (1882), 124.

31. *Mi alma teneisla vos*. The author of the present gloss of this traditional "mote" is unknown. It is, however, but one of a large number of glosses written in the 16th and 17th centuries by a wide range of poets. For example: —MS. 3915, fol. 54 v., of the BNM, gloss beginning "Siento en mi tanta mudança," and fol. 218 r., the gloss beginning "Despues que el ber pudo ver"; —MS. 18,706, fol. 116 v., of the British Museum, the gloss beginning "De una gloria singular"; —MS. B. 2481, fol. 177 r., of the HSA (see: Moñino-Brey, *Catálogo*..., no. LXXXII), gloss of Doctor Garay beginning "Del alma y cuerpo mi edificio." Apropos of Garay and other recordings of his text, see: Antonio Rodríguez-Moñino, "El Doctor Francisco Garay," *RHM*, XXXI (1965), 373-384, and "El Cancionero manuscrito de Fabio," *Anuario de Letras*, of the UNAM, VI-VII

(1966-67), 81-134; —MS. 12-26-8/D-199, fol. 209 v., of the Real Academia de la Historia, Madrid, the gloss beginning "Tuue vna renzilha cierta"; —MS. 2158, gathering 42, of the Torre do Tombo, Lisbon. The "mote" alone is transcribed here, as one of a group of unglossed "motes," all of which are attributed to "D. Francisco de la Torre."; —MS. 2100, fol. 247 v., of the BNM, the "mote" alone; —Julio Cejador y Frauca records two further uses in his *Verdadera poesia*..., Vol. I, no. 1045, found in Luis Gálvez de Montalvo's *El Pastor de Filida* (1582), part 4 (NBAE, vol. 7, p. 437), with gloss beginning "Aquel venturoso dia," and again in Vol. 7 of the *Verdadera poesia*..., no. 2803, taken from MS. 4078, of the BNM, the gloss beginning "Pensar que sin vos estéis." The text from Gálvez de Montalvo's work is also recorded by Edward M. Wilson and Jack Sage in their study *Poesias líricas en las obras dramáticas de Calderón*, p. 119, showing its relation, and thereby all of the texts mentioned here, to the more frequently found "Sin mí, sin vos y sin Dios." Teófilo Braga again included the text from the present MS among the "inéditos" of Camões in the *Parnaso*, 1880 (Vol. III, p. 264), and Michaëlis de Vasconcellos excluded it from the canon of the poet in her article "O texto das Rimas...," *RSIP*, II (1882), 124.

32-34. *Meu bem não uos apresseis. Segi o mar e deitey. Passa bolando el bien.* Teófilo Braga included these three "motes" among the "inéditos" which he attributed to Camões in the *Parnaso*, of 1880 (Vol. III, pp. 266-67). Michaëlis de Vasconcellos rejected the attribution in "O Texto das Rimas...," *RSIP*, II (1882), 124. We know of no other recording of the texts.

35-36. *Ficade uos Vos embora. Bem sotisfeita ficades.* The two "Cartas de Egas Moniz Coelho" have traditionally figured in the series of "relics" of medieval Portuguese poetry, a series which also includes the "Canção de Gonçalo Hermiguez," the "Poema da Cava," and the "Trovas dos Figueiredos," and which critics have dated variously from the 9th to the 13th centuries. Manuscript, printed, and internal evidence presently available concur, however, in that they are apocryphal and fanciful compositions that arose from a late 16thcentury antiquarianist interest in the history of the Portuguese language and its early poetry. With the problematical exception of the Cancioneiro do Conde de Marialva, the relics first appear in MSS and printed works of the late 16th and the early 17th century. Specifically, in the case of the present "Cartas"; —MS. 1147, pp. 32-34, of the Torre do Tombo, with the titles "Carta q̃ Egas Monis Coelho primo do Grande Egas Monis ayo del Rey Dom Affonsso Henrriq̃ pr. Rey de Portugal mandou a hũa Dama da Rainha Dona Mafalda cõ quẽ andaua de amores indo sse fora da Corte," and "Outra carta sua pa a mesma porq̃ uindo do Mondego a achou cazada com hũ fidalgo Castelhano, e foi tanta sua paixão q̃ morreo estando no cabo da uida lhe escreueo esta."; —MS. CXVII / 2-5, last folio of the second "Livro de Linhagens," of the BPADE, with the title "Cartas de Viegas Moniz Coelho primo de D. Egas Moniz a uma dama da Rainha D. Mafalda."; —MS. 348, fol. 41 v.-42 v. (previously, 22 v.-23 v.), of the BGUC, with the titles "Cartas q̃ Viegas Moniz Coelho primo de Egas Moniz ayo del Rey dom A.ᵇᵒ mandou a hũa dama da Rainha dona Mafalda com que andaua de amores," and "Outra tornando do Mondego e achando-a casada cõ hũ fidalgo Castelhano q̃ viera cõ a Rainha dona Mafalda e foi tamanho o pezar que disto teue que morreo de nojo, e ella sabendo isso se matou."; —MS. 481, fol. 187 r.-187 v., of the same library, with the titles "Carta que Viegas Monis Coelho (primo de Egas Moniz Ayo del Rey Dom Afonsso Henrriques) mandou a hũa Dama da Rainha Dona Mafalda com que andaua damores," and "Outra tornando do Mondego e achandoa cazada com hum fidalgo Castelhano q̃ uiera com a Rainha Dona Mafalda, e foi tamanho o pezar q̃ disso teue que morreo de nojo e ella sabendo isso se matou."; —The first printing of the letters, included as relics of past times by Miguel Leitão de Andrada in his *Miscellanea...*, of 1629 (in the modern edition, pp. 334-337).

The source most frequently quoted for the text of the letters and the other poems of the series is, however, the so-called "Cancioneiro do Conde de Marialva." This codex was first reported by Bernardo de Brito in his *Monarquia Lusitana* (Alcobaça, 1597, Part I, fol. 296 v.), as "um cancioneiro de mão, que foi de D. Francisco Coutinho, Conde de Marialva [1475-1530], o qual veio a mão de quem o estimava bem pouco." In addition to a prose commentary in praise of the Portuguese language and a series of "romances e cantares," it purportedly contained copies of all the relics mentioned above. Brito's comments were made in relation to the "Trovas dos Figueiredos," and he apparently made use of the same source later, in his *Crónica de Cister* (Lisboa, 1602, Book VI, Chap. I, p. 372), upon discussing and printing the "Canção de Gonçalo Hermiguez." After these comments by Brito, no reference is made to direct contact with such a MS or to knowledge of it until the late 18th century, when Doutor Gualter Antunes, an antiquarian and bibliophile of Oporto, confided to Antonio Ribeiro dos Santos (1745-1818) that he had acquired a codex of similar description and contents. Somewhat later Ribeiro dos Santos began publishing an extended study, "Das origens e progressos da poesia portugueza," in the *Memorias de Litteratura Portugueza* (VIII:2 [1814], 233-251). In the posthumously published fragment of the third chapter of the study (*Journal da Sociedade dos Amigos das Letras*, I [1836], 74) Ribeiro dos Santos states that "Vimos em tempos passados um Codigo MS. que parecia de letra do Seculo XV, em que se tratavam louvores da lingua Portugueza, em que vinha esta Canção de Hermigues, o fragmento do Poema da perda de Hespanha [da Cava], e as duas Cartas de Egas Monis com as cantigas a Goesto Ansar [dos Figueiredos]...: este Codigo era da escolhida Libraria do Doutor Gualter Antunes," and that he had copied several texts from it. On the death of Gualter Antunes (ca. 1783 ?), his library was sold, and no mention of such a 15th-century MS was made in the documents of dispersal. In 1855, however, the Spanish musicologist Mariano Soriano Fuertes (1817-1880) reported having consulted the "cancioneiro antiguo que fue de D. Francisco Contiño [sic]," and having copied a text, "A reyna groriosa," from it for his *Historia de la música española* (Madrid/Barcelona, 1855, Vol. I, p. 117). He commented "esta cantiga tiene su melodia anotada con las mismas notas musicales que se ven en las canciones de Alonso el Sabio." The text is, in effect, one of the "Cantigas de Santa Maria," as was noted by the Marqués de Valmar in his edition and study of the Alfonsine songs upon discussing the Marialva codex (*Cantigas de Santa Maria*, I [Madrid, 1889], 56-57). Soriano Fuertes also included in his study the text of the "Trovas dos Figueiredos," with music, apparently taken from the same source (pp. 12-13). Higinio Angles, however, in his edition of the *Cantigas de Santa Maria*, III (Barcelona, 1958), 266, was aware that Soriano Fuertes had direct knowledge of the three main MSS of the "Cantigas" themselves, and was of the opinion that he had taken his music —for the "A reyna groriosa" at least— from the "Cantigas" MS. j.b.2 of the Escorial.

The descriptions offered in these three references (Brito, Ribeiro dos Santos, and Soriano Fuertes) were sufficient for Teófilo Braga to state that they dealt in fact with one MS (*Trovadores Galecio-portugueses* (Porto, 1871), pp. 280-282). He was further of the opinion that the MS, with others from the Antunes library, had been sold in Spain (Barcelona), where Soriano Fuertes had seen it, and that there it had unfortunately disappeared again. Such interest on the part of Teófilo Braga concerning the antiquity of the MS and the texts it contained could not go unnoticed by Carolina Michaëlis. In two strongly worded statements printed in 1897 and 1904, she questioned the validity of the descriptions of the MS and, initially, even its existence. In her contribution on Portuguese literature published in the *Grundriss der Romanischen Philologie,* edited by G. Gröber, Vol. II:2 (Strassburg, 1897), p. 162, note 2, any rational acceptance of the MS was dismissed: "In einem längeren Aufsatz, den ich für Herrigs Archiv bestimmt habe [the apparently never published *Randglossen XXXI. Die Apocryphen der altportugiesischen Litteratur*], versuche ich es, Th. Braga und durch ihn, die übrigen portug. Litteraturkenner von der inneren und äusseren Unwahrheit der Gedichte zu überzeugen, unter anderem durch den Nachweis, dass der vermeintliche Cancioneiro Marialva aus dem 15. Jh., an welchen Braga als an die Quellschrift aller Berichterstatter glaubt, nicht existiert und vermutlich gar nie existiert hat." This ringing statement was modified slightly in the notes to her edition of the *Cancioneiro da Ajuda*, II (Halle, 1904), 269, note 1, where the possibility of the existence of the MS was accepted, but the date of its compilation radically altered: "Mas esse volume era um opusculo em prosa, em louvor da lingua portuguesa, entremeado de documentos illustrativos, entre os quaes avultava uma [sic] das cinco reliquias prehistoricas! Nada mais é preciso para o caracterizar como producto do sec. XVII, creio eu."

The chronologically separated references to the MS, the variety of material in it including musical texts, and the apparent pointlessness of the "creation" of a Portuguese MS by Soriano Fuertes would argue plausibly for the existence of the codex, yet the date of its complilation and nature would seem to be as described by Carolina Michaëlis in 1904. It would seem most unusual that texts of such interest would appear so frequently in historical and poetic sources of the turn of the 1600's, but would not appear in those of an earlier period, if they were in fact older. One would question also the maintenance, in a late 15th-century MS, of the by then long outmoded and illegible musical notation as a trait most unusual for the period, when it would serve perfectly the purposes and interests of a Portuguese of the period 1580-1640.

Be the point of the first transcription of the "Cartas de Egas Moniz" what it may, it is at the beginning of the 17th century that the letters figure effectively in literature and first become a point of critical interest. As we noted above, Miguel Leitão de Andrada considered them to be examples of medieval Portuguese lyric. Manuel de Faria e Sousa knew them, using a part of the first text as a gloss of one of the lines of the sonnet "Gentil Senhora, se a Fortuna imiga" attributed by him to Camões (*Rimas*..., II, 244), and he included both letters among his considerations on the history of the Portuguese language in the *Europa Portuguesa* (see the 2nd ed., Lisboa, 1680, T. III, P. IV, Chap. IX, Par. 8, 9, and 10), along with a glossary of the archaic words. Faria e Sousa's texts were then used by Joaquim de Santa Rosa de Viterbo in the compilation of the *Elucidario*..., of 1798, with the following comment concerning them (p. ix): "...apenas a Carta de Egas Moniz á sua Dama, e alguns outros despedaçados restos nos informão de quanto era rude, e mal polida a nossa lingua." Shortly thereafter Frederick Bouterwek (*Geschichte der Poesie*..., IV, 1805, pp. 7-10) and his follower Simonde de Sismondi (*De la Littérature du Midi*..., IV, 1813, p. 272) gave a wider European currency to knowledge of the texts. The first denunciation of the texts as apocryphal appeared in João Pedro Ribeiro's *Dissertações cronológicas e críticas*... (Vol. I, p. 181), of 1810, in the following comment: "...não posso reconhecer a genuinidade destes documentos 1) por falta de provas da sua antiguidade, sendo huns produzidos por Leitão no meio de huma novella em que até põe na boca das suas fabulosas personagens hum soneto de Camões; outros são referidos por Brito, cuja fé he nenhuma. 2) porque as palavras que nelles se empregão, todas de diversas idades da nossa lingua, formando hum todo afeitado, parece ser mais obra de hum artificio estudado. 3) porque as cartas de Egas Moniz Coelho, e a de Gonzalo Hermingues, tão vizinhas em tempo a outros documentos vulgares verdadeiros, comtudo se distinguem tanto em barbaridade que até nisso mostrão mostrão a sua afectação." This denunciation initiated a lengthy series of affirmations concerning the validity of the texts and rebuttal arguments that preoccupied at one time or another most of the figures of 19th-century Portuguese literary criticism. Antonio Ribeiro dos Santos, in the fragment of the third chapter of the study mentioned above, reaffirmed (p. 97) the validity of the texts, dating them as of the 12th century, and printed the versions of the letters which he claimed to have copied personally from the MS in the library of Dr. Gualter Antunes. Extensive glosses of the vocabulary accompany the texts, and the versions are compared to those published by Faria e Sousa.

In this early 19th-century period, Christian F. Bellermann, Alexandre Herculano, and Almeida Garrett made use of the poems for various purposes. Bellermann accepted the value of the letters in his study of early Portuguese poetry in *Die alten Liederbücher der Portugiesen* (Berlin, 1840), p. 5. Herculano, as is well-known, developed one of the episodes of his novel *O Bobo* (first published in 1843 in *O Panorama*) around the story and published the strophe "Vai-se o vulto do meu corpo" (24th ed., Bertrand, Lisboa, n.d., p. 143). Almeida Garrett offered a modernized reading of the letters, based on the Ribeiro dos Santos texts, in his study "Da Antiga Poesia Portugueza," *Revista Universal Lisbonense*, VI (1846-47), 99-102, along with additional glosses of the vocabulary.

Strong objections were again made, however, by José Maria da Costa e Silva in his *Ensaio Biographico-critico*..., I (Lisboa, 1850), 46-51, objections offered with the conclusion, "... sam na verdade elegantes, e harmoniosas; mas serão ellas authenticas? affoutamente respondo que não." The opinions of João Pedro Ribeiro and Costa e Silva were insufficient to sway the enthusiasm of Teófilo Braga, who referred to the letters on numerous occasions: for example, in the *Cancioneiro Popular* (Coimbra, 1867), 5-8; in the *Epopêas da Raça Mosárabe* (Porto, 1871), 195; in the *Trovadores Galecio-portuguezes* (Porto, 1871), 64-65; in the *Historia das Novellas portuguezas de Cavalleria* (Porto, 1873), 59, note 4; in the *Manual da Historia da Litteratura Portugueza* (Porto, 1875), 137-142; and in the *Curso de Historia da Litteratura Portugueza* (Porto, 1886), 142. The best exposition of Braga's position appears in the *Manual*..., where he discusses the importance of the Antunes MS and offers a new identification of the supposed author, Egas Moniz, in an attempt to maintain the letters as valid medieval products by dating them in the late 14th-early 15th-century period. The Egas Moniz in question is not, according to Braga, the nobleman of that name from the 12th century, but rather another of the same name at the court of Dom João I (1385-1433). In support of this identification, Braga also states that the strophic form used in the letters first appeared in Portugal in this same period. The relation of this Egas to the letters is further indicated by the fact that he fled the Portuguese court, going to Spain, and that this is stated in the 2nd of the letters,

"Cambastes a Portigal
Por Castilla...,"

an unfortunate missreading of the text: the reference is to the lady Dona Violante, not to Egas, complaining the she took a Spaniard as husband rather than a Portuguese.

In the second half of the 19th century other scholars continued to reflect Braga's opinions: for example, Estacio da Veiga viewed the letters as valid products of the medieval period in the *Romanceiro do Algarve* (Lisboa, 1870), 16-17. The question of the authenticity of the letters was answered for all intents and purposes. Carolina Michaëlis' rejection of the letters as apocryphal in the *Grundriss* has been noted above, but it was stated more forcefully in the edition of the *Cancioneiro da Ajuda* (p. 602), "...a supersticiosa e secular fé naquellas apreogadas reliquias apocryphas do tempo dos Affonsinhos que alguns patriotas pouco escrupulosos forjaram na época calamitosa de 1580 a 1640, e que eu desadoro e renego con todo o vigor da minha consciencia de philologa," and similarly in *A Saudade Portuguesa* (Porto, 1914), 47-54.

Modern criticism has accepted the views of Pedro Ribeiro, Costa e Silva, and Carolina Michaëlis, and has consistently spoken of the texts as falsification done in the late 16th century. For example, Joaquim Mendes dos Remédios, *História da Literatura Portuguesa* (6th ed., Coimbra, 1930, 57-59), Hernâni Cidade, *A Literatura autonomista sob os Filipes* (Lisboa, 194?, 122-125, Álvaro Júlio da Costa Pimpão, *História da Literatura Portuguesa*, I (Coimbra, 1947), 351, and Luis Filipe Lindley Cintra's article "Apócrifos" in the *Dicionário das Literaturas Portuguesa, Galega e Brasileira* (Porto, 1960), 53, where Bernardo de Brito himself is suggested as the author of the texts.

37. *Del hondo valle del tormento mio.* We have found no other copies of this sonnet of supplication to "Nossa Senhora da Penha de França." In this connection, however, we do note a possible indication of period, as a parochial church was built in her honor in Lisbon in 1598, the fulfillment of a promise made by a soldier of means on the battlefield of Al Kasr al Kebir. Teófilo Braga published the present text among the "inéditos" which he attributed to Camões in the *Parnaso*, of 1880 (Vol. I, no. 368, p. 185), and again, in Portuguese translation, in the *Historia da Litteratura Portugueza. Renascenca*, of 1914, p. 484. Carolina Michaëlis rejected Braga's original ascription in her article "O Texto das Rimas...," *RSIP*, II (1882), 124.

38. *Quanto por muitos dias fui colhendo.* We have found no other MS or printed copies of this sonnet based on the traditional courtly thematics of 16th-century peninsular poetry. The scribe has added as a personal comment in the margin beneath the text, the explicative note "mudou o stillo por ser bõ o conceito." Teófilo Braga published the sonnet among the "inéditos," which he attributed to Camões, in the *Parnaso*, of 1880 (Vol. I, no. 369, p. 186), but the ascription was rejected by Carolina Michaëlis in "O Texto das Rimas...," *RSIP*, II (1882), 124.

39. *En calma estar contra tormenta armarme.* The sonnet is attributed to Vasco Mousinho de Castelbranco in MS. 581 Azul, fol. 96 r., of the library of the Academia das Ciências, Lisboa. Barbosa Machado (*Bibliotheca Lusitana*, IV, p. 777) prints a certain amount of information concerning the author, and the following interesting comment appears in the "Catalogo de Autores Portugueses tirado do Original q̃ fez Manoel de Faria e Sousa" (MS. F.G. 361, of the BNL): "Vasco Mousinho, de Setubal. Jurista y poeta, escreuio deste ultimo 4 libros, tres importan poco, pero el Poemas de Aff° Africano no reconoce superior despues del de Luis de Camões." The only printed collection of the works of the author is the *Discurso sobre a uida e morte de Santa Isabel Rainha de Portugal e outras varias Rimas*, Lisboa, 1597. The present sonnet does not appear among the poems collected there. Teófilo Braga included the text, taken from the present MS, among the "inéditos" which he attributed to Camões

in the *Parnaso*, of 1880 (Vol. I, no. 370, p. 186). Michaëlis de Vasconcellos rejected the attribution in "O Texto das Rimas...," *RSIP*, II (1882), 124.

40. *Ir y quedar y con quedar partirse.* The sonnet is Lope's, and was printed in his *Rimas*, of 1602. See the detailed study by Edward Glaser in the *Estudios Hispano-portugueses*, pp. 97-130, and the additional bibliographic annotations of Don Antonio Rodríguez-Moñino, "El Cancionero manuscrito de 1615," *NRFH*, XII (1958), 193. Teófilo Braga included the text among the "inéditos," which he ascribed to Camões, in the *Parnaso*, of 1880 (Vol. I, no. 371, p. 187). Carolina Michaëlis pointed out the error in her article "O Texto das Rimas...," *RSIP*, II (1882), 124, and devoted more consideration to the text in the "Materiaes para um índice espurgatório da lírica Camoniana," *Circulo Camoniano*, I (1889), 30-32. Some years later Foulché-Delbosc published the sonnet as anonymous in his article "237 Sonnets," *RHi*, XVIII (1908), 534, taken from MS. M. 84 (presently MS. 3884) of the BNM. Carolina Michaëlis took up the matter again in her commentaries on the Foulché-Delbosc article, and included numerous indications of the influence and popularity of the sonnet in the 17th century: see, "Investigações...," *RHi*, XXII (1910), 530.

41. *Mucho a la Magestad sagrada agrada.* This excellent sonnet, much quoted and often anthologized, has been the "standard example" of the sonnet-with-echo tradition in Spanish verse from the late 16th century to the present day. Considerable confusion, however, surrounds the history of the text. It is frequently attributed — especially in printed sources of the 17th century — to Fray Luis de León. But this is apparently a traditional/convenient ascription. It does not appear in any major MS collection specifically of his poetry. Other attributions, direct and indirect, are also found: to a "flaire [sic] descalso franciscano," to Figueroa, to André Falcão de Resende (all three highly suspect in our view) to a D. J. de M., and, in an apparently particularly Portuguese view, to a nobleman, a "forçado de gale," who was rewarded with his freedom on the strength of this poetic effort. The text was written on the occasion of the exequies of either Doña Isabel de la Paz (1568, the 3rd wife of Philip II), or of Doña Ana de

Austria (1580, the 4th wife). Document evidence heavily favors the latter case. We disregard the obviously erroneous mentions of the death of Philip II, and of Doña Margarita de Austria. The entire question cannot be resolved until printed and manuscript descriptions of the poetry written on the two occasions are available for consultation.

We list the copies of the text known to us at present, with their titles and attributions. As an example of a sonnet with echo: —Juan Díez Rengifo, *Arte Poética* (Salamanca, 1592), p. 58, "hizo vn ingenio... Serenissima Reyna Doña Ana," the first printed text of the sonnet; —Bartolomé Ximénez Patón, *Eloquencia Española* (Toledo, 1604), p. 42, and again in the *Mercurius Trimegistus* (Baeza, 1621), fol. 85, "... que por la autoridad grande de su autor Frai Luis de León merece ser estimado, hiçolo a la muerte de la Reina doña Isabel;" —Philippe Nunes, *Arte Poetica e da Pintvra e Symmetria com principios das Perspectiuas* (Lisboa, 1615), fol. 20, "Soneto com ecco"; —Francisco de Cascales, *Tablas poéticas* (Murcia, 1617), pp. 443-444, "... que se hizo en la muerte de la Reyna Doña Margarita de Austria" (edition of Madrid, 1779, p. 224); —Manuel de Faria y Sousa, *Rimas Varias de Luis de Camões* (Lisboa, 1685), Centuria I, p. 141, "... el Soneto que Fray Luis de Leon escribió a la muerte de la Reyna Doña Ana, muger de Felipe Segundo...;" —Manoel da Fonseca Borralho, *Luzes da Poesia*... (Lisboa, 1724), p. 84, "Soneto de ecco"; —*Romancero y Cancionero sagrados*, ed. Justo de Sancha. B.A.E., Vol. XXXV (Madrid, 1950 reprint), p. 44, "Soneto en eco, del padre Fray Luis de León, á las exequias de la reina doña Ana"; —Marcel Gauthier [R. Foulché-Delbosc], "De quelques jeux d'esprit," *RHi*, XXXV (1915), 15; —Agustín Aquilar y Tejera, *Las poesías más extravagantes*... (Madrid, n.d.), p. 138, from Rengifo.

Manuscript and later printed texts: —Palacio de Oriente, Madrid, MS. 531, fol. 182 v. (the "Cartapacio de Francisco Morán de la Estrella"), "Soneto. Fue hecho a la muerte de la serenissima reyna donna Anna de Austria. El anno de mil y quinientos y ochenta, por D. J. de M. y por mejor deçir sub incerti authoris"; and MS. 1580, fol. 90 v. (the "Cartapacio de Ramiros Çid y Piscina), "Soneto de Fray Luis de Leon a la muerte de la Reina, en hecho; —Academia de la Historia, Madrid, MS. 12-26-8 / D-199, fol. 168 v., "Soneto em echos á morte da R.ª Dona Isabel"; MS. "Obras propias y traducciones de Fray Luis de León recopiladas por Francisco Méndes," fol. 297, "A la muerte de la Reyna," with a note at the end, "le halló en un manuscrito con este título 'Soneto del doctísimo Fr. Luis de León'" (both of these texts are treated in the article by J. García Soriano, "Una antología hispanolusitana del siglo XVI," *BRAE*, XII [1925], 360-375, 518-543); MS. 11-3-5 / Leg. 7, no. 13 (presently, 9-7069), "Soneto a la muerte de la Reyna, de Figueroa el Diuino, con eco." Concerning this text and the attribution, see the following articles: A[gustin] U[rquiola] (ie. A. Bonilla y San Martín), "Sonetos de Francisco de Figueroa...," *RCHA*, I (1915), 169-171. U.A. (R. Foulché-Delbosc), "A propos de quatre sonnets attribués à Francisco de Figueroa," *RHi*, XL (1917), 260-263. Agustin Urquiola, "U.A.: 'A propos de quatre...'," *RCHA*, III (1917), 185-188. See also Ángel González Palencia's edition *Poesías de Francisco de Figueroa* (Madrid, S.B.E., vol. XIV, 1943), p. 146; —Biblioteca Nacional, Madrid, MS. 3907, fol. 40; MS. 3915, fol. 299 v., "Soneto a la Muerte de Doña Ana"; MS. 3924, fol. 109 v., "A la sepoltura de la Reyna doña Anna. Soneto en Echo"; MS. 3992, fol. 21 v. (see Edward Glaser's edition *The Cancionero Manuel de Faria*), "A la muerte d'la Reyna despaña en Badajoz"; MS. 4117, fol. 308 v., "Otro [soneto]"; MS. 4132, fol. 72 r., "Soneto en eco." The first line of this text has the variant reading "Quanto a la magestad sagrada agrada"; MS. 4154, fol. 191 r., "Soneto a la Muerte de la Reyna doña Ysabel de la Paz"; MS. 7746, fol. 49 "Camara" written in the margin; MS. 17.719, fol. 12 r. (see the study by Juan Manuel Rozas, *Cancionero de Mendes Britto* [Madrid, 1965], p. 15); MS. 17.951, fol. 70 v., "Soneto a la muerte de la Reyna Doña Anna, en equo"; —the personal library of Don Antonio Rodríguez-Moñino, "Cancionero de jesuitas," fol. 356 r. (this, and the following MS are treated in the article by Don Antonio, "Tres cancioneros manuscritos," *Ábaco*, No. 2 [1969], 127-272), "Equiuoco a la muerte de la Reina doñ'ana"; the MS. "Rosal de diuinos versos," fol. 88 r., "Echo"; the "Cancionero manuscrito de Fabio," fol. 277 r. (see Antonio Rodríguez-Moñino, "El Cancionero...," *Anuario de Letras*, México, VI-VII [1966-67], 97), "A las exequias de la Reyna doña Ana"; the MS. "Tesoro poético [del siglo XVII]," fol. 8 r., "Soneto a la muerte de su Mag.$^d$," with a note at the end "Dieron a este soneto hombre denomado, a la muerte de Felipe 2º"; the "Cancionero manuscrito del siglo XVII," fol. 16 r. (see the article by Don Antonio with the same title in the *Estudios dedicados a James Homer Herriot* [Madrid 1966], pp. 189-218); the "Cancionero manuscrito de 1615," fol. 226 r. (see the article by the same title by Don Antonio, *NRFH*, XII [1958], 181-197), "Otro [soneto] a la muerte de la Reyna de Portugal con Ecco"; —the *Cancionero Antequerano (1627-1628), recopilado por Ignacio de Toledo y Godoy*, ed. Dámaso Alonso and Rafael Ferrères (Madrid, 1950), 527; —BGUC, Portugal, MS. 362, fol. 373 v., "A la muerte de la Reina D. Ana"; MS. 405, fol. 215 v.; —BNL, MS. F.G. 8600, fol. 204 r. (this 18th-century MS was also copied by a "Francisco Méndez" as was the codex of the Academia de la Historia, Madrid, mentioned by J. García Soriano, above), "En las exequias de la serenissima Reinha D. Ana de felis memoria. Soneto con ecco"; —Torre do Tombo, MS. 1112, fol. 141 r., the first line again shows the variant "Quanto"; MS. 1117, fol. 123 r., "Soneto hecho a la muerte de la Reyna de Castilla muger 4ª del Rey Don Phelipe 2º por un galeote, hombre nobre, al qual S. Mg.ᵈ dio perdon por ello"; MS. 1835, fol. 18, "Soneto"; MS. 2041, fol. 19 r., "En las exequias de la Reyna D. Ana. Soneto con ecco"; —Museu Etnológico, Belem, "Livro de recreação," fol. 68 v., "Soneto"; —Palácio da Ajuda, MS. 51-II-43 (previously, 51-II-33), fol. 42 r.; MS. 52-IX-27, fol. 245 v., "Sonnetto a morte de el rey Phellippe o pr.º que fez hum forçado de gale a quem derão liberdade"; —BPADE, MS. CXIV / 2-2, fol. 174 v. (see our edition *Cancioneiro de Corte* ..., no. 206, p. 425); —a text found among the poetry of André Falcão de Resende, with the title "A el Rei Philippe II, na morte da Reinha, sua mulher, em echo," and published by Joaquín Ignacio de Freitas in the unfinished edition *Poezias de* ... (Coimbra, 1860?), p. 82. Concerning this edition in particular and the poet in general, see Domingo García Peres, *Catálogo razonado* ... (Madrid, 1890), p. 172, Carolina Michaëlis de Vasconcellos, "Investigações ...," *RHi*, XXII (1910), 585, and especially Américo Costa Ramalho, *Estudos sobre a Época do Renascimento* (Coimbra, 1969), pp. 205-260; —Phillips MS. 20979 (MS recently acquired by the Library of Cambridge University), folio and title unavailable. The MS is described briefly under No. 1282 the *Bibliotheca Phillippica*, the auction catalogue of Sotheby and Co. for June, 1970; —Riccardiana Library, Florence, MS. 3358, fol. 165 r. (see Eugenio Mele and A. Bonilla y San Martín, "Dos Cancioneros españoles," *RABM*, X [1904], 167), "Soneto á la muerte de la Reyna de españa, hija del emperador Maximiliano"; —HSA, New York, MS. 2495, fol. 269 r. (see Moñino-Brey, *Catálogo* ..., no. XIV, no. 237), "Soneto. A la muerte de la reyna D. Ana, en equo."

The popularity of the sonnet gave rise to many imitations and glosses. Professor Edward Glaser prints two such, beginning "Pues que a la Magestad sagrada agrada," and "Iesus que a la bondad sagrada agrada," in his edition *The Cancionero Manuel de Faria,* pp. 204-205. The Licenciado Ramírez, "Cura de San Antolin," recalled the first line of the text when preparing poetry for the exequies of Philip II, in Murcia (see Antonio Pérez Gómez and Manuel Muñoz Cortéz, *Justas y certámenes poéticos...,* vol. I [Madrid, 1958], p. 143). A decorous tone was not always maintained in the reworkings, however, as is readily apparent in the sonnet "A don Luis Enriquez, burlandose tres dias con vna moneda de aciento, y cincuenta escudos," written by the Portuguese poet Duarte Díaz (*Varias Obras*... [Madrid, 1592], fol. 22):

> Mucho la burla moderada agrada
> Al cortesano, delicado estado
> Que conseruando el gusto amado dado
> No quita de la bolsa ornada nada.
>
> La burla larga por pesada odiada
> Si vsa della el auisado, errado
> Camina ciego al desgraciado vado
> Que embuelue el gusto en desusada elada.
>
> Y quien la burla que me hiere viere
> Pondrà seguro en su locura cura
> Pues el que fia del que afierra yerra.
>
> Y quien ver lo que aca se adquiere, quiere
> De la burla que siendo dura, dura
> Mira que a Reyna tal sotierra, tierra.

42. *Es lo blanco castisima pureza.* The sonnet is the work of Gutierre de Cetina, and appears in his collected works published by D. Joaquín Hazañas y la Rua (*Obras de...,* Vol. I, p. 91). The present text offers only minor variants from the printed text.

The poem is a *tour de force* explaining the major aspects of color symbolism current in the 16th century, and as such was widely copied and anthologized in MSS of the period. Joseph G. Fucilla comments on the inspiration of the sonnet in his *Estudios sobre el Petrarquismo en España,* pp. 38-39, giving as the probable immediate source, the sonnet "Si come el verde importa speme o amore" of Serafino Aquilano. Bartolomé José Gallardo lists other works of the same nature in the *Ensayo,* IV, col. 340 and 743. On color symbolism in Spanish poetry, see Edith Rogers, "El color en la poesía española del Renacimiento y del Barroco," *RFE,* XLVII (1964), 247-261; Jules Piccus, "Expressions for Color in Old Spanish Poetry," Dissertation, Princeton University, 1951, and the article "A note on the use of albo in Medieval Spanish Poetry," *General Linguistics,* I (1955), 101-109; H. A. Kenyon, "Color Symbolism in Early Spanish Ballads," *Romanic Review,* VI (1915), 338; Joseph G. Fucilla, "Sobre un Soneto de Gutierre de Cetina," *NRFH,* VIII (1954), 315-318, and the article "Pedro de Padilla and the Current of the Italian Quattrocentist Preciosity in Spain," *Philological Quarterly,* IX (1930), 225-228. Of particular interes on the more general theme of color symbolism are the articles: Sigmund Skard, "The Use of Color in Literature," *Proceedings of the American Philosophical Society,* XC:3 (1946), 163-249; Havelock Ellis, *The Colour-Sense in Literature,* London, 1931; and Thomas Munro, "Suggestion and Symbolism in the Arts," *Journal of Aesthetics and Art Symbolism,* XV:2 (1956), 152-180.

Teófilo Braga printed the sonnet from the present MS among the "inéditos" he ascribed to Camões in the *Parnaso,* of 1880 (Vol. I, no. 372, p. 187), and Carolina Michaëlis rejected the attribution in "O Texto das Rimas...," *RSIP,* II (1882), 124. Erasmo Buceta has also published the text, from a different source and with no identification of the author, in "Un soneto del siglo XVII explicativo del simbolismo de los colores," *BHisp,* XXXV (1933), 299-300.

43. *Infierno en uida a mi cuidado -dado.* This sonnet in echo is most probably the work of Eloi de Sá Sotomaior, called here Loyo de Sá. It was published in 1623 in his *Riberas do Mondego,* fol. 140 v., and there are only orthographic variants between the present text and that of the *Riberas.* On the various and many forms of the name of the poet that appear in late 16th-century and 17th-century sources, see the comments of Martinho da Fonseca in his modern edition of the *Riberas,* 1932, pp. vii and viii.

44. *Argos quisiera ser para miraros.* As Carolina Michaëlis noted in her article "Investigações...," *RHi*, XXII (1910), 577, the sonnet is closely related to another also found in the present manuscript: the sonnet "Si mil vidas tuviera que entregaros" (no. 21). The opening line of the present work appears as an integral part of that poem (line 5), and the sixth line is reflected in the final verse. On comparing the two texts, Carolina Michaëlis was of the opinion that the "Argos quisiera ser" text was an imitation "não infeliz" of the "Si mil vidas" sonnet, and as such, it was only one of a series of variations on the theme and on the original sonnet itself. We transcribe a sonnet, attributed to a "Felinardo," which appears in MS. 4117, fol. 80 v., of the BNM, as an example of these variations, and which in its 7th and 8th lines recalls directly the 1st and 8th lines of our text.

> Lenguas quisiera ser para alavarte
> serafin para mas engrandeserte
> la muerte porque siendo yo la muerte
> pudiera de su trance reservarte.
>
> Quisiera ser Alcides, Numa o Marte
> para poder señora defenderte
> Argos por ocuparme solo en verte
> y el mismo Dios cupido para amarte.
>
> Prado por darte flores fruto i grana
> sol i sielo por ser de ti pisado
> la mar para ofrecerte mi riqueza.
>
> Paris para rendirte la mançana
> y laurel de oro y hojas adornado
> solo para señirte la caveça.

The sonnet "Argos quisiera ser" also appears in MS. 4117, of the BNM (fol. 45 v.), and is of especial interest in that it is there attributed to Lope de Vega. The work appears as the 1st of three sonnets, specifically indicated as being his work, which are included in a longer series of poems for which few ascriptions are given. The 2nd and 3rd sonnets of the group of three, "Celos bastardos mal nascidos celos" and "Como en el toque se conoce el oro," are definitely Lope's poems; both were first published in the fourth book of the *Arcadia,* in 1598. The validity of the ascription of the 1st of the three texts to Lope is, in our opinion, a peculiarity of MS. 4117 that is of questionable worth. The sonnet may or may not be his, but one notes that the text does not appear collected in any of Lope's works published in the period, it is not known to us attributed to him in any contemporary source other than MS. 4117, and it does not appear as his in any of the modern studies devoted to the bibliography or his sonnets (see especially the study of Otto Jörder, "Die formen des sonetts bei Lope de Vega," Heft 86 of the *Beihefte zur ZRPh*, 1936, and the additional studies listed in the *Ensayo de una bibliografía... de Lope de Vega Carpio* by José Simón Díaz and Juana de José Prades). Teófilo Braga published the sonnet from the present MS among the "inéditos" that he attributed to Camões in the *Parnaso*, of 1880 (Vol. I, no. 373, p. 188), and Carolina Michaëlis excluded it definitively from the canon of the poet in her article "O Texto das Rimas...," *RSIP*, II (1882), 122.

45. *Que haces hombre estoime callentando*. The sonnet was published by Teófilo Braga as the work of Camões in the *Parnaso*, of 1880 (Vol. I, no. 374, p. 188), but restored immediately to its author, Jorge de Montemayor, by Michaëlis de Vasconcellos ("Parnaso...," *ZRPh*, V [1881], 401) who knew it in the *Cancionero* of the poet published in Madrid, 1588. The text had already appeared, however, printed among his works some thirty years earlier, in the *Segundo Cancionero...*, Anvers, 1558, fol. 243 r. From that first printing, it passed to numerous later editions (for example: Zaragoza, 1562, fol. 172 r.; Salamanca, 1571, fol. 168 v.; Coimbra, 1579, fol. 226 r.).

The sonnet enjoyed wide popularity and appears in numerous MSS collections of the 16th and 17th centuries. For example: —the "Cartapacio de Francisco Morán de la Estrella" (MS. 531, fol. 18 v.) of the Palacio de Oriente, Madrid; —HSA, MS. B. 2486, fol. 225 r. (Moñino-Brey, *Catálogo*, VIII, 451, and Margit Frenk Alatorre, "El Cancionero sevillano de la Hispanic Society [ca. 1568]," *NRFH*, XVI [1962], 383). Margit Frenk also points out that it appears in MS. 3358 of the Biblioteca Ricardiana, Florence, fol. 116 v., and 177 r. (E. Mele and A. Bonilla y San Martín, "Dos Cancioneros Españoles," *RABM*, X [1904], 166 and 168), and that Julián Íñiguez de Medrano published it as his own in the 2nd edition of the *Silva curiosa*, Paris, 1608.

46. *Quien yasse aqui quien fue Rey de Castilla.* We know of no other copies of this sonnet written on the death of one of the Spanish Kings. The title supplied by the scribe leaves unclear the specific exequies for which the work was prepared, and there are no clarifying references in the quartets or in the dialogue tercets. The general period of the contents of the collection, in our view, would suggest that the work was prepared for the functions marking the death of Phillip II (1598).

47. *Bibora que me quereis que lhe quereis.* The sonnet is the work of Dom Tomás de Noronha (Alenquer, ?-1651), and is one of several texts written by the poet inspired by the problems possible between "regateiras" (see, for example, his sonnet "Clara e alva sejaes, Clara Vicente," in the *Fenix Renascida,* Vol. 5, p. 233). It appears also in the following MSS: —MS. 359, fol. 105 r., "Regat.ᵃˢ Soneto. D. Thom.," and MS. 392, fol. 141 v., "Do mesmo [Dom Thomas de Noronha] ao dezafio de duas mulheres. Soneto," both of the BGUC.

The works of this poet, who was extremely well known, copied, and read in the 17th century in Portugal, are for all practical purposes unknown to modern readers, having received little more attention than the small study of Mendes dos Remédios, *Poesias Inéditas de D. Thomas de Noronha* (Coimbra, 1899).

48. *Senhora minha inda que auzente esteya.* We have found no other copies of this particular sonnet, which turns on the traditional themes of longing and absence. The first line recalls Garcilaso's sonnet "Señora mia, si yo de vos ausente" (*Obras completas,* ed. Elias L. Rivers, p. 11), but the development is of later poetic tastes. Teófilo Braga attributed the text to Camões in the *Parnaso,* of 1880 (Vol. I, no. 375, p. 189), but Carolina Michaëlis rejected the ascription in "O Texto das Rimas...," *RSIP,* II (1882), 124.

49. *Verdugo es de mi alma la memoria.* The glossed verse also appears in the 17th-century MS. B. 2478, fol. 60, of the HSA (Moñino-Brey, *Catálogo,* XXIX, nos. 107 and 108). It there reads "Es uerdugo del alma la memoria," as is accompanied by two distinct glosses: "Si porq̃ eternos fuessen mis pezares," and "Lo q̃ te deuo o

Filis mal te puede." In the same period, Dom Francisco de Portugal remembered a variant form, "No es verdugo del alma la memoria," in his commentaries of the *Tempestades y Batallas de un cuidado auzente*, p. 45.

Teófilo Braga included the text and gloss among the "inéditos" which he ascribed to Camões in the *Parnaso*, of 1880 (Vol. II, no. XI, p. 173). Michaëlis de Vasconcellos rejected the attribution in "O Texto das Rimas...," *RSIP*, II (1882), 125.

50. *Gloria tão merecida*. We have found three additional texts of this excellent "canção," all copied in MSS which reflect the poetic tastes current in Portugal in the early 17th century. Attributed specifically to Manuel Soares [de Albergaria], the work appears in MS. 3992, fol. 88 v., of the BNM (see the excellent edition and study of this MS by Edward Glaser, *The Cancionero "Manuel de Faria*," p. 153). The same attribution is given for the text which appears in MS. 4152, fol. 124 r., also of the BNM (see our article "The Cancionero 'Manuel de Faria,' and MS. 4152 of the BNM," *Luso-Brazilian Review*, VI [1969], 22-43). The third text appears, with no indication of author, in a MS compiled between 1620 and 1640, now in the Torre do Tombo, Lisbon: MS. 1117, fol. 12 r. There are no variants of consequence between the four known copies, beyond the fact that the present MS's text is the only one that is preceeded by an explicative title of note. Teófilo Braga took the present text for publication among the "inéditos" which he considered to be the work of Camões in the *Parnaso*, of 1880 (Vol. II, p. 71), an attribution rejected by Michaëlis de Vasconcellos in "O Texto das Rimas...," *RSIP*, II (1882), 124. Jorge de Sena has recently published the text again, from Braga, in his extensive study *Uma canção de Camões* (Lisbon, 1966), pp. 532-534, and considers it briefly in chapters 2 and 3 of the same work. He further considers the history of the poem in his *Estudos de História e de Cultura (1ª Série)*, Vol. II, pp. 334-335, note 534 (fascicle published in *Ocidente*, LXXVII [Oct., 1969]), where he declares the attribution to Camões unacceptable and adds "pelo que se sabe dele (Soares de Albergaria), enquadra-se perfeitamente dentro das possibilidades de autoria." Of more importance, however, is the extensive article by Professor de Sena concerning the text and the biography of Soares de Albergaria which forms one of

the chapters of his *A Estructura de Os Lusíadas*..., pp. 187-199 (extract and preliminary version published in the *Artes e Letras* section of the *Diário de Notícias*, of Lisbon, on July 9, 1970, with the title "Gloria tão merecida, sobre a canção de Camões."). Professor de Sena offers there at length considerations on the present MS, a critique of the present poem, and a detailed biography of Soares de Albergaria, sustaining the attribution of text to him and dating it shortly before 1604.

51. *En una selva al parecer del dia.* The sonnet is the work of Hernando de Acuña, and was printed in his collected works in 1591, with the title "Soneto de Endimion" (*Varias poesias de*..., ed. E. Catena de Vindel, p. 287). J. G. Fucilla traces Acuña's inspiration to the text "De sassi Latonj un giorno Endimione" of Ludovico Paterno (*Estudios sobre el petrarquismo en España*, p. 43), and comments specifically on the poem in "A Note on Hernando de Acuña's Sonnet on Endymion," *MLN*, XLIV (1929), 464-465. Numerous manuscript copies from the period exist. For example: —BNM, MS. 3888, fol. 301 v., anonymous (see R. Foulché-Delbosc, "237 Sonnets," *RHi*, XVIII [1908], 517, and especially C. Michaëlis de Vasconcellos, "Investigações...," *RHi*, XXII [1910], 525-527); —BNM, MS. 3915, fol. 288 r., anonymous; —BNM, MS. 3968, fol. 98 v., attributed to Francisco de Figueroa; —BNP, MS. 373, fol. 170 v., anonymous; —BPADE, MS. CXIV/2-2, fol. 133 r., "Outro Seu [Dom Fernando D'Acunha] a Endimion" (see *O Cancioneiro de Corte*..., pp. 314-315, and 562-563); —BNL, MS. F.G. 4413 [the Cancioneiro de Luís Franco Correia], fol. 198, anonymous. Among the earliest noteworthy critical considerations of the text (and of its gloss, our no. 52) is that of Manuel de Faria y Sousa in his edition of the works of Camões (*Rimas*..., Centuria II, pp. 270-271), where, in addition to an interpretation of the poem, he discusses an incidental attribution of the work to Don Diego Hurtado de Mendoza (rejected) and his reasons for believing the poem to be possibly the work of Camões.

52. *Entre doradas flores.* The series of "liras" is the work of Francisco de Figueroa, glossing the previous sonnet. It was first printed in the 1626 second edition of his collected poetry (see: *Poesias de*..., ed. SBE, p. 109). The variants of the present text from the printed

version are minor, with the exception of line 28, which in the printing reads more satisfactorily "con odio dend'la cuna." Teófilo Braga attributed the text to Camões in the *Parnaso,* of 1880 (Vol. II, Canção XXI), but the error was corrected immediately by Carolina Michaëlis in her review article "Parnaso...," *ZRPh,* V (1881), pp. 398, 402.

53. *De relucientes armas la hermosa.* The sonnet has been attributed with little surety to Gregorio Silvestre, on the basis of the indication given in the famous MS. 2973, fol. 169, of the Biblioteca Nacional, Madrid: "Flores de Baria poesia... Recopilosse en la ciudad de Mexico Anno... 1577" (see Renato Rosaldo, "Flores de Baria Poesia," *Ábside,* XV [1951], 548, and Gallardo, *Ensayo,* I, col. 1006-1007). It does not appear, however, in any of the three 16th-century editions of the collected works of Silvestre.

We know the sonnet in several MSS of the 16th and 17th centuries, recorded with no indication of authorship in all cases: —MS. 617, fol. 257 r., of the Palacio de Oriente, Madrid; —MS. 373, fol. 228, of the BNP; —MS. 4117, fol. 47 r., of the BNM, "De un mui Galano pensam.$^{to}$"; —MS. 3888, fol. 298 r., also of the BNM. This text was published by R. Foulché-Delbosc in the "237 Sonnets," *RHi,* XVIII (1908), 512, and received specific commentary by Carolina Michaëlis in her "Investigações...," *RHi,* XXII (1910), 524. An inscription in the margin of this MS indicates that the sonnet is based on one of the epigrams of Decimus Maximus Ausonius. Ausonius wrote two closely related works on the theme, the second of which, in our opinion, is the immediate source of the present sonnet:

Epigramma XLII.

De Pallade, et Venera armata.

Armatam vidit Venerem Lacedaemone Pallas.
Nunc certemus, ait, judice vel Paride.
Cui Venus: Armatam tu me, temeraria, temnis,
Quae, quo te vici tempore, nuda fui?

Epigramma XLIII.

Idem aliter.

Armatam Pallas Venerem Lacedaemone visens,
Visne, ut judicium sic ineamus? ait.

Cui Venus arridens: Quid me galeata lacessis?
Vincere si possum nuda, quid arma gerens?

(G. S. Walker, *Corpus Poetarum Latinorum*
[London, 1849], pp. 1062-1063.)

Lucile K. Delano also notes in the article "An analysis of the sonnets in Lope de Vega's 'Comedias'," *Hispania*, XII (1929), 125, that Lope's sonnet "La clara luz en las estrellas puesta" (or also beginning "Bañaba el sol la crespa y dura cresta") is based on the same epigram. See also the comments of J. Gómez Ocerín and R. M. Tenreiro in "Una nota para 'El Remedio en la desdicha' de Lope (El Soneto de Venus y Palas)," *RFE*, IV (1917), 390-392.

Teófilo Braga published the text from the present MS among the "inéditos" he attributed to Camões in the *Parnaso*, of 1880 (Vol. I, no. 376, p. 189). Michaëlis de Vasconcellos excluded it from the canon of the poet in "O Texto das Rimas...," *RSIP*, II (1882), 124.

54. *Hero de una alta torre do miraba*. The sonnet was apparently first printed in the 1557 edition of the *Cancionero General*, where it is already called a "Soneto Viejo," and is accompanied with a gloss "La ora que Leandro pretendia" (see A. Rodríguez-Moñino, *Suplemento...*, p. 266). Thereafter it appeared printed in the various editions of the *Cancionero llamado Flor de enamorados*, beginning with the first edition, 1562, fol. 64 v., under the title "Soneto de la hermosa Hero" (see the edition of A. Rodríguez-Moñino and Daniel Devoto). Alonso Pérez incorporated it in the *Segunda parte de la Diana de Montemayor* beginning with the Burgos edition of 1564, according to information kindly given us by Professor Juan B. Avalle-Arce. It also appears in the late 16th-century "Cartapacio de Pedro de Lemos," MS. 1577, fol. 118 v., of the Palacio de Oriente, Madrid, and in two Hispano-Portuguese collections of the 17th century: —a version with substancial variants in the "Cancioneiro de Juromenha," fol. 54 v., "Soneto" (C. Michaëlis de Vasconcellos, "Der Cancioneiro de Juromenha," *ZRPh*, VIII [1884], 443, 615); —MS. CXIV/2-2, fol. 157 v., "Outro Soneto a Morte De Leandro," of the BPADE (*Cancioneiro de Corte...*, no. 194).

All attempts to establish the identity of the author have so far proved unproductive, although Michaëlis de Vasconcellos felt at one point that the sonnet was perhaps the work of a Portuguese poet (Montemayor). The sonnet, its glosses, and place in the general tradition of the Hero and Leandro materials in Spanish literature are discussed in J. M. de Cossío, *Fábulas mitológicas en España*, pp. 150-154, in M. Menéndez y Pelayo, *Antología*, vol. X, pp. 314-332, in F. Moya del Baño, *El tema de Hero y Leandro en la literatura española*, pp. 69-70, 219, and in P. Cabañas, "Garcilaso de la Vega y Antonio de Lofraso...," *RL*, I (1952), 57-65.

Teófilo Braga printed the text from the present MS, with no basis other than enthusiasm, among the "inéditos" he attributed to Camões in the *Parnaso*, of 1880 (Vol. I, no. 377, p. 190). Michaëlis de Vasconcellos objected to the ascription first in her review article "Parnaso...," *ZRPh*, V (1881), 401-402, and eventually offered a summary of her information concerning the text in "Investigações...," *RHi*, XXII (1910), 548-549.

55. *Bellissima Isabel cuya hermosura*. The "Fabula de Narciso, traduzida de Ovidio" is the work of the Spanish poet Cristóbal de Mesa, and was first printed in his *Valle de Lagrimas y diuersas Rimas*, of 1607, fol. 76 v. - 83 v. (see A. Rodríguez-Moñino, "Cristóbal de Mesa...," *Revista de Estudios Extremeños*, VI [1950], 412). The copy in the present MS was attributed to Camões by Teófilo Braga in the *Parnaso*, of 1880 (Vol. III, p. 252), but the ascription was immediately rejected by C. Michaëlis de Vasconcellos in "O Texto das Rimas...," *RSIP*, II (1882), 125. A. Fernandes Tomás specifically identified the author in "Notas Camonianas...," *Círculo Camoniano*, I (1889), 105.

The present text is esthetically more satisfying than the version printed in 1607. Minor variants are numerous, but several lines show extensive reworkings/improvements, and there is a noticeable change in the attitude of the author (?) toward Narciso: described in 1607 variously as "loco," "simple," and "pobre." In the present text he is uniformly described as "triste." The following lines of the 1607 version show major reworking in the present MS: 42, De quien hazer su error traduzir quiso; 56, Está cubierto del calor del cielo; 70, Entendiendo que es cuerpo lo que es sombra; 152-154, De me mirar, que si lo miro mira / sin que de alli se parta / si suspiro parece que suspira; 164-165, Pero no el rostro candido y benino / Que sin duda yo estoy fuera de tino; 172-174, Pues la verde y florida Primavera / Que se vee de mi rostro en la figura / Engaño no merece, ni tormento; 183-184, Mas enseñas me rostro tan humano / Color de grana y nieve, y rizo de oro; 193-194, Daca la mano, entiendes lo que digo? / Oye al que tanto te ama, estima y ruega; 244, El nuevo mudamiento, nuevo espanto; 267-269, Qual suele al fuego derretir la cera / O el Sol ardiente el congelado yelo / Al misero el amor va deshaziendo; 279, Haziendo tal fiel trueco; and 336, que el nombre de Narciso hasta hoy guarde. In addition, the lines 57-58 and 71-72 of the present text are inverted in that of 1607, and the two lines 237 and 291, missing here, are supplied from the printed version.

56. *Diuinos oyos cuyo ser nos muestra.* Teófilo Braga attributed the text from the present MS to Camões upon publishing it among the "inéditos" of the *Parnaso,* of 1880 (Vol. II, p. 170). C. Michaëlis rejected the ascription in "O Texto das Rimas...," *RSIP,* II (1882), 125, but made no assumptions concerning possible authorship. We can document no additional MS. or printed copies of this series of Spanish octaves, although it seems strangly familiar, and is in certain ways reminiscent of the poetic interests of Luis Gálvez de Montalvo. We note only that the seventh octave (lines 49-54) is apparently defective.

57. *Sobre neuados riscos leuantando.* The eclogue appears in numerous MSS and printed works of the late 16th and 17th centuries attributed in some, as here, to Pedro Laynez, and in others to Francisco de Figueroa. Joaquín de Entrambasaguas discusses the confusion resulting from the indiscriminate attribution of the text to these two poets in his study of the works of Laynez (*Obras,* Vol. I, pp. 154-156), listing several MS and printed sources, and supporting the validity of the attribution to Laynez. The points put forth by Entrambasaguas are cogent and have most probably resolved the question. Yet the matter deserves more attention in light of the ascriptions of the text to Figueroa in a number of MSS specifically dating from the second half of the 16th century. For example, the text appears twice in the "Cartapacio de Francisco Morán de la Estrella" (MS. 531, fol. 53 v., and 69 v.) of the Palacio de Oriente, Madrid. The titles read, respectively, "Estancias del divino Figueroa," and "Cançion de Tirsi, por el diuino Figueroa, Estanças Phili. Egloga. Thirsi." See also Joseph

G. Fucilla's article "Otra versión de *Sobre nevados riscos levantado*...," *NRFH*, X (1956), 395-400.

58-61. *Daruos quiz a natureza. Amais a quem uos não quer. Ingrato amor que ordena. Conhecida de todos por fermosa.* These four texts, gallantries in the long tradition of using the first letter of each verse to form the name of a person, were attributed to Camões by Teófilo Braga in the "inéditos" taken from the present MS for the *Parnaso*, of 1880 (Vol. III, nos. 268 and 269), and in the case of the last of the four, again to Camões in the *Cancioneiro Portuguez*, 1880, pp. 129 and 154, compiled by J. Leite de Vasconcellos and Ernesto Pires. Michaëlis de Vasconcellos rejected the attributions in "O Texto das Rimas...," *RSIP*, II (1882), 124.

62. *Nasci de padre y aguelo sin segundo.* The octave can be found attributed to Francisco de Aldana and to Figueroa, but is the work of Damasio de Frías, written in 1568 on the premature death of the prince Don Carlos de Austria. It appears in a MS collection of Frías' works compiled in the late 16th century and now in the library of the Palacio de Oriente, Madrid: MS. 570, fol. 280 r. In the same period, it was collected in the "Libro romanzero de canciones romances y algunas nuebas..." compiled by Alonço de Nabarette de Pisa, in Madrid, 1589 (A. Restori, "Il Cancionero Classense 263," *Rendiconti della Reale Accademia dei Lincei*..., XI [1902], 122), with the title "Otauas a la muerte del principe Don Carlos d'Austria del poeta Damasio de Frias de Valladolid." Restori states that the work consists of *three* octaves. We have been unable to see this somewhat enigmatic text; of particular interest in that all other versions we know consist of one octave alone.

The work was widely copied and anthologized in manuscript poetic miscellanies of the 17th century and published at least once — attributed to the "único Aldana" — with a gloss by Rey de Artieda in the *Discursos epistolas y epigramas de Artemidoro*, Zaragoza, 1605, fol. 29 v. See the commentary of A. Rodríguez-Moñino, "Francisco de Aldana [1537-1578]," *Castilla*, II (1941-43), 80-81, and the modern edition of the work of Rey de Artieda undertaken by Antonio Vilanova, p. 74. The text figures also in the following MSS: —BNM,

MS. 3926, fol. 17 v., "Por Damasio"; —BNM, MS. 4256, fol. 262, "de Damasio" (see Gallardo, *Ensayo*, III, 2550. This is the "MS. H." utilized by W. Knapp for his edition of the poetry of D. Diego Hurtado de Mendoza); —Academia de la Historia, Madrid, MS. 9-26-8/D-206, fol. 240 v., "Epitaphio à la sepult.[a] del prinçipe. Figueroa .l. ut alij dicunt Damaso auctore"; —HSA, MS. HC 380/147, fol. 77 (Moñino-Brey, *Católogo*, LXVII, 12), anonymous; —BPADE, MS. CXIV/2-2, fol. 143 v. (*Cancioneiro de Corte e de Magnates*..., ed. Arthur L-F. Askins, p. 349), anonymous, Antonio Francisco Barata published this text in his *Cancioneiro Geral*..., p. 180; —BNL, MS. F.G. 8920, fol. 42 r., anonymous; —the text "a la muerte del Príncipe D. Carlos, hijo de Felipe Segundo por Damasio" copied by Gallardo de "un libro manuscripto. Año de 1667, fol. 97" that belonged to the library of Böhl de Faber (one of a series of unedited loose sheets of Gallardo that we have seen).

Concerning Damasio de Frías see also the edition of Justo García Soriano, *Diálogos de diferentes materias inéditos hasta ahora*, published in the Colección de Escritores Castellanos, Madrid, 1929, and Jerónimo de Lomas Cantoral, *Las Obras de*..., Madrid, 1578 (extract in Gallardo, *Ensayo*, III, 2706).

63. *Ay Dios si yo cegara antes que os viera*. The sonnet appears frequently in MS miscellanies and printed works of the late 16th and the 17th centuries. In these, it is variously attributed to Dom Francisco de Portugal, the Conde don Juan de Silva, the Conde de Salinas, Covarrubias, Figueroa, Don Diego de Mendoza, and Villamediana. None of the attributions, however, is more convincing or authoritative than another, and only the ascriptions to Don Diego de Mendoza and to Covarrubias may be dismissed outright. The texts offer a wide range of variants: from the inconsequential to obvious substantial reworkings, modification, and imitations, pointing to the popularity of the theme and of the balance of the antithetical construction of the poem. The version of the present MS is an example of the most frequently-found reading. In the following list of sources the phrase "as here" indicates a text identical to the present version, or with only minor variants: —MS. 1581 (the so-called "Cartapacio de Pedro de Penagos") of the Palacio de Oriente, Madrid, fol. 6 r., "Soneto 25," as here; —MS. 10,328 of the British Museum, fol. 105 v.,

"Soneto," as here. This text and the previous one apparently are the earliest known copies, both dating from the early 1590's; —MS. CV/2-12 of the BPADE, fol. 160 v., "Soneto," as here; —MS. CXIVd/1-29 of the same library, group 10, p. 19, "Soneto de dõ Fr.ᶜᵒ Pertugall." The text is a mixture of Spanish and Portuguese paralleling the normal readings; —MS. 3 of the Pombaline Collection of the BNL, fol. 84 v., as here; —MS. 1659 of the Torre do Tombo, fol. 88 r., "A vna Dama esquiua. Soneto," as here; —MS. 362 of the BGUC, fol. 185 r., "Outro [soneto] do mesmo A. [Villamediana]," as here; —MS. 395 of the same library, fol. 59 r., as here; —"Varias poesias," MS of the library of Senhor Alfonso Cassuto, Lisbon, fol. 123 v., "Soneto," as here; —"Micilania de Varias Obras...," MS of the library of Don Eugenio Asensio, fol. 159 v., "Soneto," as here; —MS. 3890 of the BNM, fol. 56 r., "Soneto," as here; —MS. 3915 of the BNM, fol. 5 r., as here. The text is published by Raymond Foulché-Delbosc, "136 Sonnets Anonymes," *RHi*, VI (1901), 389-390, with commentary; —MS. 3968 of the BNM, fol. 155 v., "Soneto 15 a vna desconfiança. Incierto," as here, and fol. 166 v., "Soneto de Couuarruuias," as here. See the commentary of Carolina Michaëlis, "Investigações...," *RHi*, XXII (1910), 546; —MS. 3992 of the BNM, fol. 20 v., "[Soneto] Del Conde Don Iuan d'a Sylua," as here. The MS has been edited in a scrupulous edition and study by Edward Glaser, *The Cancionero "Manuel de Faria"* (Münster, 1968). See especially the notes for the text, pp. 200-202, which present a carefully extracted list of the variants from several of the sources cited here, and additional comments; —MS. 4117 of the BNM, fol. 21 v., "Otro [soneto]," as here; —MS. 4152 of the BNM, fol. 144 v., "[Soneto] Del Conde don Ju.º de Silba," as here. See our article "The *Cancionero "Manuel de Faria"* and MS. 4152 of the BNM, *Luso-Brazilian Review,* VI:2 (1969), 22-43 for consideration of the relationship between the two MSS cited; —MS. 17.556 of the BNM, fol. 135 r., "Soneto," as here. See the modern study and transcription of the MS prepared by Rita Goldberg, "Poesias barias y recreacion de buenos ingenios," Dissertation, Brown University, 1968, especially pp. 725-726, or the earlier study by John M. Hill, *Poesias Barias...,* University of Indiana Studies, Vol. X, no. 60 (Bloomington, 1923); —MS. 17.719 of the BNM, fol. 1 r., "De vn estudiante que namoraua vna S.ª, y, porq̃ no la pudo alcançar, hizo este soneto, casi loco," as here. See the study of Juan Manuel Rozas, *Cancionero de Mendes*

*Britto* (Madrid, 1965), p. 13; —MS. 9/7069 (previously, 11-3-5/Leg. 7, no. 3) of the Academia de la Historia, Madrid, fol. 132 v., "Soneto del mismo [Figueroa]," as here. See the article by Agustín Urquiola [Adolfo Bonilla y San Martín], "Sonetos de Francisco de Figueroa, el Divino," *RCHA*, I (1915), 169-171, U. A. [Raymond Foulché-Delbosc], "A propos de quatre sonnets attribués à Francisco de Figueroa," *RHi*, XL (1917), 260-263, and again Agustín Urquiola, "U.A.: A propos de quatre sonnets attribués à Francisco de Figueroa," *RCHA*, III (1917), 185-188; —MS. 3358 of the Ricardiana Library, Florence, fol. 116 v., "Otro Soneto," as here, and fol. 177 v., as here. See Eugenio Mele and A. Bonilla y San Martín, "Dos Cancioneros Españoles," *RABM*, X (1904), 166, 168; —and the text printed by Luis Alonso Getino in his *Nueva Contribución al estudio de la lírica salmantina*... (Salamanca, 1929), p. 302, taken from the MS of the period 1592-1602 described in his study.

Additional texts, with notable variants in the first line, are found in —MS. 1121 of the BPMPorto, fol. 9 r., "Soneto. Pluguiera al cielo cegara antes q̃ os viera," as here; —MS. F.G. 6269 of the BNL, fol. 111 v., "Otro Soneto. Pluguiera a Dios cegara antes que os viera," as here; —MS. Sessor. 450 of the Biblioteca Nacional Central de Roma, p. 382, "Soneto. Pluguiera a Dios que çiegara antes que os viera," as here. See José Gómez Pérez, *Manuscritos Españoles*... (Madrid, 1956), p. 103; —MS. 1636 of the BGUC, p. 76, "A huma Dama Esquiua. Ay triste, Sy yo cegara antes q̃ os uiera," as here; —with the same first line and title as the previous version, MS. CXXX/1-17 of the BPADE, fol. 317 v., as here; —MS. 1080 of the BGUC, fol. 40 r., "Soneto. Ay ojos si yo cegara antes que os uiera," as here; —MS. 1429 of the BGUC, fol. 25 v., "Do Salinas. Aj Celia se jo cegara antes q̃ os viera," as here; —and a version, the first printing, included by Bartolomé Jiménez Patón initially in the *Eloquencia Española* (Toledo, 1604), fol. 41 v., attributed to Don Diego de Mendoça, and again in the *Mercurius Trimegistus* (Baeza, 1621), fol. 84 v., with the same attribution and beginning "Ojala yo espirara antes que os viera."

The sonnet is clearly dependent on long peninsular tradition in lyrical expression, partly of Petrarchan inspiration and partly of native usage. As such, it shows close relationship to a number of works of the same general period. Among the poems of Gregorio Silvestre is the following religious sonnet (*Las Obras*... [Granada, 1582], fol. 357 r.):

>Pluguiera à Dios si aqueste es buẽ partido
>que yo nunca nasciera, ò no peccara,
>ò de llorar mi culpa tal quedara,
>como si no la vuiera cometido.
>
>Y ya que tan porteruo, y malo è sido
>que à tanto perdimiento no llegara
>que en dubda de mis males yo tomara
>por no perder mi ser, el no auer sido.
>
>Ay, no lo quiera Dios, ni tal pretendo,
>ya se que aun en la piedra, y en la planta
>el ser, sobre el no ser, tiene excelencia.
>
>Peccador grande soy, mas bien entiendo
>que no es possible ser mi culpa tanta
>que no la sane Dios con su clemencia.

In the secular vein is the sonnet attributed to Damasio de Frias in the MS of his works (MS. 570, Palacio de Oriente, Madrid, fol. 210):

>Soneto. D. A. O.
>
>Pluguiera a dios que yo nunca soltara
>mis ojos tan sin rienda a conoçeros
>o ya que los solte Pudiera veros
>sin que a morir el veros me obligara.
>
>Mas que hombre tan sin seso no comprara
>con mill vidas la gloria del quereros
>señora si el temor de no ofenderos
>la gloria de el amaros no templara.
>
>El veros sin pensarlo fue ventura
>mas ya que vista amaros fue forçoso
>y amandoos el morir fue nesçesario
>
>O caso nunca oydo o suerte dura
>sentir me muero y avn deçir no oso
>la causa porque muero ni el contrario.

A more involved development is found in the sonnet attributed to the "Conde de Salinas, a hũa Dama," of MS 2829 of the BGUC, fol. 16 r.:

Pluguiera a Dios q̃ a Laura nunca viera,
y q̃ ya que la vi, que no la amara,
y ya que la amé, mi mal callara,
y ya que no calle, no me creera:

Y ya q̃ me creyó, no me admitiera
y ya que me admitió, no la gozara,
y ya q̃ la goze, no se mudara
y ya que se mudo, yo me muriera.

Y ya que no me morí, no fuera firme
para poder con ella oluidarme,
por q̃ el uerla, el hablarla, el admitirme

Mis uerdades creer, y regalarme,
el gozarla, mudarsse, y no morirme
ha uenido a parar en mal tratarme.

From the same period is the anonymous sonnet copied in MS. 3985 of the BNM, fol. 85 r. See Raymond Foulché-Delbosc, "237 Sonnets," *RHi*, XVIII (1908), 606, and the comments of Carolina Michaëlis, "Investigações...," *RHi*, XXII (1910), 543:

Pluguiera a Dios q̃ nunca aqui viniera
o ya que vine aqui que nunca amara
o ya que ame que amor se mostrara
de Azero no, sino de blanca cera.

O que de aquesta fragonil guerrera
de los dos soles de su hermosa cara
no tan agudas flechas me arrojara
o menos linda y mas humana fuera.

Estas si son borrascas no fingidas
de quien no espero verdadera calma
sino naufragios de mas duro aprieto.

O tu, reparador de nuestras vidas,
amor, cura las ancias de mi alma,
que no pueden caber en ūn soneto.

Turned more specifically to a jest is the following sonnet found in MS. C-III-22, of 1598, in the Escorial, fol. 1 v., and MS. 373 of the BNP, fol. 179. See Julián Zarco Cuevas, "Un Cancionero bilingüe...," *Religión y Cultura*, XXIV (1933), 412-413, where he notes that the text was known to him in another MS attributed erroneously to Gregorio Silvestre. Our text, from the Paris MS:

> Pluguiera a Dios q̃ yo nunca naciera
> o ya que nasci q̃ nunca amara
> o ya que ame que en parte me empleara
> donde mi amor agrandecida fuera,
>
> O ya que no se me agrãdesciera
> que como me oluidaron, oluidara
> o ya que no oluide q̃ me dexara
> amor algun lugar do me valiera.
>
> Mas ay de mi q̃ Amor tiene cerradas
> las puertas para mi de su piedad
> y no escucha ni entiende mis gemidos
>
> que me aprouecha dar mill aldauadas
> pues la señora de mi liuertad
> por no escucharme tapa los oydos.

The sonnet is, however, considerably older than the late 16th-century date suggested by these MSS. The first quartet of the poem is glossed in a series of 4 *liras* dedicated to "La prinsesa de Lerma" in the so-called "Cancionero Sevillano" of 1568 (See Margit Frenk Alatorre, "El Cancionero Sevillano...," *NRFH*, XVI [1962], 380), the gloss beginning "Pisuerga caudaloso / que en la famosa Pincia es tu rribera." The first quartet was also modified for a religious gloss, of 4 octaves, collected among the works of Fr. Agostinho da Cruz in the famous MS of the BPNPorto (MS. 1100, fol. 80 v. See J. Mendes dos Remédios, *Obras de Fr. Agostinho da Cruz* [Coimbra, 1918], pp. 399 and 444, where the quartet is attributed to Silvestre:

> Pluguiera a vos, mi Dios, que no nasciera,
> o ya que nasci, nunca al mundo amara
> o ya que amé, solo en vos me empleara,
> Señor, que mi amor me agradeciera!
>
> Glosa.
>
> Estoy de lepra fea tan llagado
> . . . . .

64. *Fermosa deshumana crua e forte*. We have found no other copies of the sonnet. Teófilo Braga published it, from the present MS, among the "inéditos" of Camões in the *Parnaso*, of 1880 (Vol. I, no. 379, p. 191). Michaëlis de Vasconcellos rejected the attribution in "O Texto das Rimas...," *RSIP*, II (1882), 124.

65. *Quando de uossa uista me apartaua*. In spite of the specific attribution of this sonnet to Martim de Castro do Rio in the present MS, Teófilo Braga printed it among the "inéditos" which he attributed to Camões in the *Parnaso*, of 1880 (Vol. I, no. 380, p. 191). Michaëlis de Vasconcellos noted the lack of justification of Braga's ascription in "O Texto das Rimas...," *RSIP*, II (1882), 120, and specifically considered the sonnet to be the work of Castro do Rio in "Notas aos sonetos anonymos," *RHi*, VII (1900), 114. Braga also mentions in *Camões, A Obra Lyrica e Épica* (Porto, 1911), p. 217, that he was aware of the text, attributed to Martim do Castro, in "um [outro ?] manuscrito."

66. *Que doudo pensamento este que sigo*. The sonnet is attributed to Camões in the famous index of the so-called "Cancioneiro do Padre Pedro Ribeiro," of 1577 (C. Michaëlis de Vasconcellos, *O Cancioneiro do...*, pp. 71 and 103), but is rather the work of Diogo Bernardes. It was collected in his *Rimas Varias Flores do Lima*, of 1596 (modern edition by Marques Braga, no. 79, p. 60). Faria y Sousa included the text as a work of Camões in his edition of the *Rimas...* (Centuria II, no. 12, pp. 206-207) inspite of having known it in the works of Bernardes and in two MSS; anonymous in one, and attributed to the Conde de Vimioso in the other. The sonnet continued to appear in the collected works of Camões through the Cunha edition of 1668 and the Juromenha publication of the *Obras...*, of 1860 (Vol. II, p. 57). Carolina Michaëlis de Vasconcellos, however, insisted on Bernardes' authorship in "O Texto das Rimas...," *RSIP*, II (1882), 112, and commented on the Petrarchan inspiration of the text in *O Cancioneiro Fernandes Tomás*, p. 19, note 1. Additional MSS sources: —MS. 1710, p. 103, of the Torre do Tombo, Lisbon; —and MS. F. G. 6269 (previously, A-1-62), fol. 110 v., of the BNL.

# BIBLIOGRAPHY

## I

### MANUSCRIPT MATERIALS

A. ENGLAND

1. *London*

    The British Museum

    —Add. 10.328. (Poesias varias).
    —Add. 18,155. "Relações, cantigas, adeuinhações, e outras corizidades. Trasladadas de papeis velhos e juntados neste Caderno, em Amsterdam. Anno 1683.
    —Add. 18,706. (Poesias varias).
    —Add. 25,353. "Mecelania de obras varias."

2. *Cambridge*

    Cambridge University Library

    —"Obras de Diego Hurtado de Mendoza y otros." (MS described in the *Bibliotheca Phillippica* of the second part of this bibliography. Purchased by the University in 1970).

B. FRANCE

1. *Paris*

    Bibliothèque Nationale

    —MS. 373. (Morel-Fatio: 602).

C. ITALY

1. *Florence*

    Biblioteca Riccardiana

    —MS. 3358. "Rime Spagnole."

2. *Rome*

Biblioteca Nazionale
—MS. Sign. 2,078. Sessor. 450.

D. PORTUGAL

1. *Coimbra*

Biblioteca Geral da Universidade de Coimbra
—MS. 331. "Papéis Vários."
—MS. 348. "Jardim Hist. T. LVII."
—MS. 359. "Versos & coriosidades colhidas de diferentes authores."
—MS. 362. "Poesias várias."
—MS. 392. "Poesias várias."
—MS. 395. "Collecção de varias poesias assim lyricas, como heroicas. Tom. 2."
—MS. 405. "Papéis Vários."
—MS. 481. "Papéis Vários."
—MS. 526. "Sonettos a varios asumptos."
—MS. 1023. "Papéis Vários."
—MS. 1080. "Flores de poesia de diuerssos autores."
—MS. 1134. "Laberintho de Apolo tecido de curiozidades poeticas."
—MS. 1237. (Poesias de Fr. Agostinho da Cruz).
—MS. 1429. "Papéis Vários."
—MS. 1636. "Sonetos em manuescrito."
—MS. 1800. "Espelho cristalino e memorial breve, da vida humana perque se ha de gouernar e compor o homem, pera não errar o porto da saluação, por Dom Damião da Cruz. T. II."
—MS. 2829. (Poesias várias).

2. *Évora*

Biblioteca Pública e Arquivo Distrital de Évora
—CIII / 2-14. "Elogios dos reis de Portugal."
—CV / 2-12. "Poesias várias."
—CXIV / 2-2. Cancioneiro de Corte e de Magnates.
—CXIV-d / 1-12. "Phelipe Dias. T. 2."
—CXIV-d / 1-29. "Papéis vários."
—CXVII / 2-5. "Papéis vários de geneologia."
—CXXI-d / 2-25. "Discurso e despertador preservativo de currimentos e enfermidades delles por Joam Cornelio. 1594."
—CXXX / 1-17. "Livro das varias obras."

3. *Lisbon*

Academia das Ciências

—Catalogo Alphabético dos Livros da Livraria do Convento de N. Snr.ª de Jezus de Lisboa. Pertencente aos religiosos da Terceira Ordem da Penitencia do N. P.ᵉ S. Francisco. (19 vols.) 1825.
—Catalogo Methodico dos Livros da Livraria do Convento de N. Senhora de Jesus de Lisboa. Pertencente aos religiosos da 3ª Ordem da Penitencia do N. P. S. Francisco. (9 vols.) 1830.
—MS. 581 Azul. "Poezias varias. Do Monsenhor Ferreira."
—MS. 693 Azul. "Manvsc. T. I. Colecção Esteves Pereira."
—MS. 198 Vermelho. "Collecção de versos em vulgar e castelhano do uso de Fr. Vicente Salgado da Terceira Ordem da Penitencia. Lisboense. Anno de 1750.

Arquivo Nacional da Torre do Tombo

—MS. 840. (Poesias várias).
—MS. 1112. (Poesias várias).
—MS. 1117. (Poesias várias). Tomo. 7.
—MS. 1147. (Poesias várias e cartas).
—MS. 1659. "Livro de varios sonetos de diferentes autores."
—MS. 1710. "Poesias varias."
—MS. 1737. (Poesias várias).
—MS. 1804. "Poezias Varias."
—MS. 1817.
—MS. 1818. "Poezias Varias. Tom. I."
—MS. 1835. "Este liuro e letra he de Dona Cecilia de Ptugal."
—MS. 2037. "Fasciculus sententiarum Floreus."
—MS. 2041. "Conceitos Espirituaes e moraes renascido do prelo para proueitozo divertimento e consolação de almas devotas. Tomo I."
—MS. 2158. (Poesias várias).
—MS. 2160. (Poesias várias).

Biblioteca do Museu de Arqueologia e Etnografia. Belem.

—"Cancioneiro Fernandes Tomás."
—"Livro de recreação."
—"Livro terceiro de poesia."
—MS. 3392. (Olim. E. 1128). "Girnalda de Apollo, tesida de varias poesias de differentes authores e recolhida por hum curioso no anno de MDCCXLIX.

Biblioteca do Palácio da Ajuda

—MS. 49-III-54. "Poesias varias. Maço 2." (Group 43).
—MS. 51-II-24. (Olim. Nec. 1021/3).
—MS. 51-II 42. (Olim. 51-II-32). "Cartas e poesias a varios assumptos."
—MS. 51-II-43. (Olim. 51-II-33). "Papéis vários."
—MS. 51-VI-2. (Olim. 51-V-II). "Papeis varios. Historia literatura."

—MS. 52-IX-27. (Olim. 51-II-1). Liuro de Diogo Mouro de Sousa, o qual elle escreueo por sua coriosidade muitas e diuersas poesias, de defferentes sogeitos e de alguns ephitaphios de differentes sepulturas dignos de se notarem ... 1638.

Biblioteca Nacional

a) Fundo Geral.
—MS. 2. (Olim. A-2-2). "Florilegio de poesias e trechos de prosa."
—MS. 361. "Catalogo de autores portugueses tirado do original q̃ fez Manoel de Faria e Sousa."
—MS. 3106. "Poesias várias."
—MS. 3582. "Obras curiozas de varios autorez colegidas por certo curiozo. Anno de 1728."
—MS. 4332. "Manuscripto 7º."
—MS. 4413. "Cancioneiro em que uaõ obras dos milhores poetas de meu tempo ainda naõ empresas ẽ treslasdadas de papeis da letra dos mesmos que as composeraõ comessado no india a 15. de ianeiro de 1557. e acabado em Lx.ª em 1589 per Luis Franco Correa companheiro em o estado da india e muito amigo de Luis de Camoens."
—MS. 5864. "Academia dos Generosos que se comessarão a celebrar em 23 de Outubro de 660 em caza de Dom An.to Aluẽs da Cunha secretario da ditta Academia dedicada a seu patrono S. Antonio.
—MS. 6269. (Olim. A-I-62). "Varios uersos T. I."
—MS. 8600. "Deuertimento honesto para ociozos e entretenim.to coriozo para entendidos ... 1706."
—MS. 8920. "Obras varias."
—MS. 10,810. "Exemplar politico de D. Pedro 1 no nome e Rey 8º de Portugal composto por Sebastiam Cezar de Menezes. Anno de 1670.

b) Colecção Pombalina
—MS. 3. "E do uzo do P.e Fr. Jorge de S. Luis q̃ lhe he mu.to necesario."
—MS. 7.
—MS. 132. "Colleçam de varias poesias antigas e modernas por diferentes autores q̃ ajuntou e curiosidade de Jose Freire de Monterroyo Mascarenhas. Tomo II. Anno de 1726."
—MS. 133. "Miscellanea literaria."
—MS. 585.
—MS. 685.

Biblioteca Pública Municipal
do Porto

—MS. 72. Col. D-2. "Alao. Memoria Hist."
—MS. 127. (Olim. 647).
—MS. 250.
—MS. 626.
—MS. 1045.
—MS. 1100. (Olim. 631).
—MS. 1121. (Olim. 657).

E. SPAIN

1. *El Escorial*

    Librería del Real Monasterio

    —MS. C-III-22. "Liuro de sonetos & octauas de diuersos auctores. De. 1598."

2. *Madrid*

    Academia de la Historia

    —MS. 9/2624. (Olim. 9-12-8/443).
    —MS. 9/5156. (Olim. 9-24-3/B-71). "Poesias sacras de varios autores clasicos, y eruditos que se copiaban en los años de 1636 y 1639."
    —MS. 9/5807. (Olim. 12-26-8/D-199). (Poesias portuguesas y castellanas).
    —MS. 9/5814. (Olim. 9-26-8/D-206). "Poesias sagradas y profanas, latinas y castellanas. Carmina Fr. Thomas Pineli et aliorum."
    —MS. 9/7069. (Olim. 11-3-5/Leg. 7, no. 13). (Colección de poesias castellanas).

    Biblioteca Nacional

    —MS. 2100. (Olim. G. 392). "Poessias varias manoscriptas compuestas por diferentes autores."
    —MS. 2973. (Olim. M. 268). "Flores de baria poesia recogida de varios poetas españoles... en Mexico... 1557 annos."
    —MS. 3795. "Poesias manuescritas. I."
    —MS. 3884. (Olim. M. 78). "Poesias varias. T. I."
    —MS. 3888. (Olim. M. 82). "Poesias varias."
    —MS. 3890. (Olim. M. 84). "Poesias varias."
    —MS. 3895. (Olim. M. 393). (Poesias varias).
    —MS. 3907. (Olim. M. 305). (Poesias de los Argensolas, Góngora y otros poetas).
    —MS. 3913. (Olim. M. 2). "Parnaso Español. T. 2. Libro de diferentes y varias poesias."
    —MS. 3915. (Olim. M. 4). "Parnaso Español. T. 4."
    —MS. 3924. (Olim. M. 375). "Obras de diversos recopilados. 1582."
    —MS. 3926. (Poesias varias).
    —MS. 3968. (Olim. M. 381). "Codigo Poesias Españolas."
    —MS. 3985. "Poesias diversas."
    —MS. 3992. (Olim. M. 309). "Cancionero recopilado por D. Manuel de Faria dedicado al Conde de Haro. En 1666."
    —MS. 4078. (Olim. M. 327). "Codice Poesias."
    —MS. 4117. (Olim. M. 341). "Poesias varias."
    —MS. 4132. (Olim. M. 198). "Flores de varios autores."
    —MS. 4152. (Olim. M. 333). "Obras poeticas de diferentes personas en portugues y en castellano."
    —MS. 4154. (Olim. Bb. 181). "Jardin divino hecho el año Xpõ de 1604."

—MS. 4256. (Olim. M. 223). (Obras de D. Diego Hurtado de Mendoza).
—MS. 7746. (Olim. X. 329). "Poesias de varios y otros papeles."
—MS. 17,556. "Poesias barias y recreaciõ de buenos ingenios."
—MS. 17,557. (Poesias varias).
—MS. 17,719. (Olim. H. 231). "Mendez de Britto. Poesias. 1623."
—MS. 17,951. "Poesias."
—MS. 19,387. "Satira de Oquendo" and "Cartapacio de de (sic) diferentes asuntos por el año 1598 y los siguientes."

### Palacio de Oriente

—MS. 531. (Olim. 2-F-3). "Cartapacio de Francisco Morán de la Estrella."
—MS. 570. (Olim. 2-F-4). "Poesias varias."
—MS. 617. (Olim. 2-F-5). "Poesias varias."
—MS. 1577. (Olim. 2-B-10). "Cartapacio de Pedro de Lemos."
—MS. 1580. (Olim. 2-B-10). "Cartapacio de Ramiros Çid y Piscina."
—MS. 1581. (Olim. 2-B-10). "Cartapacio de Pedro de Penagos. 1593."
—MS. 2803. (Olim. 2-C-10). "Poesias varias. T. I."

F. THE UNITED STATES

1. *New York*

### The Hispanic Society of America

—MS. B. 2467. (Moñino-Brey: LXXXVIII). "Poesias varias."
—MS. B. 2478. (Moñino-Brey: XXIX).
—MS. B. 2481. (Moñino-Brey: LXXXII). "Poesias manuscritas del Dr. Juan de Salinas, de Baltasar de Alcazar, Argensola i del Dr. Garai."
—MS. B. 2486. (Moñino-Brey: VIII). "Cancionero sevillano."
—MS. B. 2495. (Moñino-Brey: XIV). "Cancionero sevillano."
—MS. B. 2504. (Moñino-Brey: V). "Archivo de poesía española recogido por el Licenciado Francisco de Porras de la Cámara. Racionero de la Catedral de Sevilla. Tercera parte: poesía divina."
—MS. HC. 380/147. (Moñino-Brey: LXVII). "Papeles curiosos M.S."

G. PRIVATE COLLECTIONS

1. *Asensio, Prof. Eugenio.* Lisbon.

—Micilania de Varias Obras curiozas e as memorias de Alfonço de Albuq.ue

2. *Cassuto, Senhor Alfonso.* Lisbon.

—MS. Varias poesias.

3. Rodríguez-Moñino, Don Antonio. Madrid.
—Cancionero de Fabio.
—Cancionero de Francisco Ortega. "Este libro esta scripto de mano y letra de Fran.ᶜᵒ Ortega, maestro de la scuela de Castilnouo de Nap.ᵉˢ spañol natural de la villa de Villalpando. Dirigido al señor Thomas Espinola, mi compadre que nuestro señor guarde muchos años. Amen. en vida y salud del S.ʳ su padre y señora madre. (ca. 1612).
—Cancionero de Jesuitas.
—Cancionero manuscrito. (Possibly by Juan del Alvarado).
—Gallardo, Bartolomé José. Two unedited loose sheets, cited in the notes to texts nos. 25 and 62.
—Jardín del Alma. (Possibly compiled by Alonso Palomino).
—MS de poesia religiosa hispano-portuguesa.
—Rosal de diuinos versos.
—Tesoro poético.

II

PRINTED MATERIALS

A., U. [Raymond Foulché-Delbosc]. "A propos de quatre sonnets attribués à Francisco de Figueroa," *RHi*, XL (1917), 260-263.
Acuña, Hernando de. *Varias poesías de* ... [Madrid, 1591], ed. Elena Catena de Vindel. Madrid, 1954.
Aguilar y Tejera, Agustín. *Curiosidades literarias. Las poesias más extravagantes de la lengua castellana.* Madrid, n. d.
Alatorre, Margit Frenk. "El Cancionero sevillano de la Hispanic Society (ca. 1568)," *NRFH*, XVI (1962), 355-394.
Alfonso X, The Wise. *Cantigas de Santa María.* Ed. of the Real Academia Española. 3 vols. (Vols. I and II, ed. Leopoldo Augusto Cueto, Marqués de Valmar, Madrid, 1889. Vol. III, ed. Julián Ribera, under the title *La Música de las Cantigas*, Madrid, 1922).
Alciato, Andreas. *Los Emblemas de Alciato. Traducidos en rhimas españolas por Bernardino Daza Pinciano.* Lyon, 1549.
Alexandre, Herculano. *O Bobo.* Lisboa, 24th ed., n.d.
Almeida Garrett, João Baptista da Silva Leitão de. "Da Antiga poesia portugueza," *Revista Universal Lisbonense,* VI (1846-47), 99-102.
Alonso Getino, Luis G. *Nueva Contribución al estudio de la lírica salmantina del siglo XVI.* Anales Salmantinos, no. 3. Salamanca, 1929.
Álvarez de los Reyes, Manuel. *Libro real de las alabanças de la gloriosa santa Ana y san Ioachin. ... y su carta executoria, y letras en loor de otros Santos.* [Lisboa], 1604.
Anglés, Higinio. *La Música de las Cantigas de Santa María del Rey Alfonso el Sabio.* Vol. III. Barcelona, 1958.
Argüello, Martín de [Antonio Rodríguez-Moñino]. "Romero de Cepeda, novelista del siglo XVI," *Bibliografía hispánica,* III:1 (1944), 517-523.
Askins, Arthur L.-F. "The Cancionero 'Manuel de Faria' and MS. 4152 of the BNM," *Luso-Brazilian Review,* VI (1969), 22-43.

Askins, Arthur L.-F. "Hojas sueltas zaragozanas a la muerte de Felipe II," *BBMP*, XLVI (1970), 109-125.
Barata, António Francisco. *Cancioneiro Geral, Continuação ao de Garcia de Resende*. Évora, 1902.
Barbosa Machado, Diogo. *Biblioteca Lusitana Histórica, Crítica, e Cronológica*. 4 vols. Lisboa, 1741-1759.
Bellerman, Christ. Fr. *Die alten Liederbücher des Portugiesen*. Berlin, 1840.
Bernardes, Diogo. *Rimas Varias - Flores do Lima* [Lisboa, 1596], ed. Marques Braga. Colecção de Clássicos Sá de Costa. Lisboa, 1945.
*Bibliotheca Phillippica. Catalogue of French, Spanish, Portuguese, Greek, Yugoslav and Slavonic Manuscripts*. Auction catalogue of Sotheby and Co. London, 1970.
Bonilla y San Martín, Adolfo. See: Urquiola, Agustín.
Bouterwek, Frederic. *Geschichte der Poesie und Beredsamkeit seit dem Ende des dreizehnten Jahrhunderts*. 12 vols. Göttingen, 1801-1819.
Braga, Teófilo. *Antologia Portugueza*. Porto, 1876.
———. *Camões. A Obra lyrica e épica*. Porto, 1911.
———. *Camões e o sentimento nacional*. Porto, 1891.
———. *Cancioneiro Popular*. Coimbra, 1867.
———. *Curso de Historia da Litteratura Portugueza*. Lisboa, 1886.
———. *Epopêas da Raça Mosárabe*. Porto, 1871.
———. *Historia da Litteratura Portugueza*. Renascença. Porto, 1914.
———. *Manual da Historia da Litteratura Portugueza*. Porto, 1875.
———. *Questões de Litteratura e Arte Portugueza*. Lisboa, 1881.
———. *Trovadores Galeico-portuguezes*. Porto, 1871.
Briquet, Ch. M. *Les Filigranes*. 4 vols. Paris, 1907.
Brito, Bernardo de. *Monarquia Lusitana*. Alcobaça, 1597.
———. *Primeira Parte da Crónica de Cister*. Lisboa, 1602.
Buceta, Erasmo. "Un soneto del siglo XVII esplicativo del simbolismo de los colores," *Bulletin Hispanique*, XXXV (1933), 299-300.
Cabañas, Pablo. "Garcilaso de la Vega y Antonio de Lofrasso (un soneto conocido y una glosa olvidada)," *Revista de Literatura*, I (1952), 57-65.
Camões, Luis de. *Obras de...*, ed. João António de Lemos Pereira de Lacerda, Visconde de Juromenha. 7 vols. Lisboa, 1860-1924.
———. *Parnaso de...*, ed. Teófilo Braga. 3 vols. Porto, 1880.
———. *Rimas Varias de.... Comentadas por Manuel de Faria y Sousa*. 2 vols. Lisboa, 1685-1689.
———. *Terceira Parte das Rimas de...*, ed. D. António Álvares da Cunha. Lisboa, 1668.
*Cancioneiro de Corte e de Magnates (MS. CXIV / 2-2 da Biblioteca Pública e Arquivo Distrital de Évora)*, ed. Arthur L-F. Askins. University of California Publications in Modern Philology. Vol. 84. Berkeley, 1968.
*Cancioneiro de Évora*, ed. Arthur L-F. Askins. University of California Publications in Modern Philology. Vol. 74. Berkeley, 1965.
*Cancioneiro Fernandes Tomás. Fac-símile do exemplar único*, ed. of the Museu Nacional de Arqueologia e Etnologia with introduction by Dom Fernando de Almeida. Lisboa, 1971.
*Cancionero Antequerano (1627-1628) recopilado por Ignacio de Toledo y Godoy*, ed. Dámaso Alonso and Rafael Ferreres. Madrid, 1950.
*Cancionero de Mendes Brito. Poesías inéditas del Conde de Villamediana*, ed. Juan Manuel Rozas. Madrid, 1965.

*Cancionero llamado Flor de enamorados* [Barcelona, 1562], ed. Antonio Rodríguez-Moñino and Daniel Devoto. Valencia, 1954.
*Cancionero "Manuel de Faria."* A critical edition with introduction and notes by Edward Glaser. Portugiesische Forschungen der Görresgesellschaft. Zweite Reihe. 3 Band. Münster, Westfalen, 1968.
Cascales, Francisco de. *Tablas poéticas.* Murcia, 1617.
Cejador y Frauca, Julio. *La Verdadera poesía castellana.* 10 vols. Madrid, 1921-1930.
Cervantes Saavedra, Miguel de. *Viaje del Parnaso,* ed. Francisco Rodríguez Marín. Madrid, 1935.
Cetina, Gutierre de. *Obras de...,* ed. D. Joaquín Hazañas y la Rua. 2 vols. Sevilla, 1895.
Chorão de Carvalho, José. "Sobre o Texto da Lírica Camoniana," *Revista da Faculdade de Letras de Lisboa,* XIV (1948), 224-238, and XV (1949), 53-91.
Cidade, Hernani. *A Literatura Autonomista sob os Filipes.* Lisboa, n. d. [1948].
Cossío, José María de. *Fábulas mitológicas en España.* Madrid, 1952.
Costa e Silva, José Maria da. *Ensaio Biographico-crítico sobre os melhores poetas portuguezes.* 10 vols. Lisboa, 1850-1853.
Costa Pimpão, Álvaro Júlio da. *História da Literatura Portugueza.* Vol. I. Coimbra, 1947.
Costa Ramalho, Américo. *Estudos sobre a Época do Renascimento.* Coimbra, 1969.
Cruz, Fr. Agostinho da. *Obras de...,* ed. J. Mendes dos Remédios. Coimbra, 1918.
Delano, Lucile K. "An analysis of the Sonnets in Lope de Vega's 'Comedias'," *Hispania,* XII (1929), 119-140.
Díaz, Duarte. *Varias Obras de...,* em lengoa Portuguesa, e Castelhana. Madrid, 1592.
*Dicionário das Literaturas Portuguesa, Galega e Brasileira.* Ed. Jacinto do Prado Coelho. Porto, 1960.
Ellis, Havelock. The Colour-Sense in Literature. London, 1931.
Estacio da Veiga, S. P. M. *Romanceiro do Algarve.* Lisboa, 1870.
Faria, Guilherme de. *Antologia de poesias religiosas.* Lisboa, 1947.
Faria y Sousa, Manuel. *Europa Portuguesa.* 2nd ed. Lisboa, 1680.
*Fénix Renascida ou Obras poéticas dos melhores engenhos portugueses.* Ed. Matias Pereira da Silva. 5 vols. Lisboa, 1716-1728.
Fernandes Tomás, Anibal. "Notas Camonianas (Falsos inéditos e attribuições erradas)," *Círculo Camoniano,* I:4 (1889), 104-110.
Fernández Navarro, Matheo. *Floresta espiritual con un Auto Sacramental nuevo. Compuesto por el Bachiller... vezino de Toledo.* Toledo, 1613.
Figueroa, Francisco de. *Poesías de...,* ed. Ángel González Palencia. Sociedad de Bibliófilos Españoles. Madrid, 1943.
Fonseca Borralho, Manoel da. *Luzes da Poesia descobertas no Oriente de Apollo.* Lisboa, 1724.
Foulché-Delbosc, Raymond. See: Gauthier, Marcel, and A., U.
———. "136 Sonnets Anonymes," *RHi,* VI (1899), 328-407.
———. "237 Sonnets," *RHi,* XVIII (1908), 488-618.
Fucilla, Joseph G. "A note on Hernando de Acuña's sonnet on Endymion," *MLN,* XLIV (1929), 464-465.
———. *Estudios sobre el Petrarquismo en España.* Madrid, 1960.

Fucilla, Joseph G. "Otra versión de *Sobre nevados riscos levantado...*," *NRFH*, X (1956), 395-400.

———. "Pedro de Padilla and the current of the Italian Quattrocentist preciosity in Spain," *Philological Quarterly*, IX (1930), 225-238.

———. "Poesía Espanhola (Manuscript 756 of the Biblioteca Nacional Matritense)," *PMLA*, LVII (1942), 370-403.

———. "Sobre un Soneto de Gutierre de Cetina," *NRFH*, VIII (1954), 315-318.

———. "Two Sonnets ascribed to Lope de Vega," *Hispanófila*, no. 16 (Sept., 1962), 103-109.

Gallardo, Bartolomé José. *Ensayo de una biblioteca española de libros raros y curiosos*, ed. M. R. Zarco del Valle and J. Sancho Rayon. 4 vols. Madrid, 1863-1889.

Gálvez de Montalvo, Luis. *El Pastor de Fílida*. Madrid, 1582.

García Peres, Domingo. *Catálogo razonado biográfico y bibliográfico de los autores portugueses que escribieron en castellano.*

García Soriano, Justo. *Diálogos de diferentes materias inéditos hasta ahora.* Colección de Escritores castellanos. Madrid, 1929.

———. "Una antología hispanolusitana del siglo XVI," *BRAE*, XII (1925), 360-375, 518-543.

Garcilaso de la Vega. *Obras completas*, ed. Elias L. Rivers. Madrid, 1964.

Gauthier, Marcel [Raymond Foulché-Delbosc]. "De quelques jeux d'esprit," *RHi*, XXXV (1915), 1-75.

Glaser, Edward. *Estudios Hispano-portugueses*. Madrid. 1957.

———. "*HVM VISO-REI QVE FAZ TROVAS.* New Data on Don Diego de Silva y Mendoza, Poet and Statesman," *Homenaje. Estudios de filología e historia literaria lusohispanas e iberoamericanas publicados para celebrar el tercer lustro del Instituto de Estudios Hispánicos, Portugueses e Iberoamericanos de la Universidad Estatal de Utrecht*. La Haya, 1966, pp. 217-240.

Gómez Ocerin, J. and R. M. Tenreiro. "Una nota para 'El Remedio en la desdicha' de Lope (El Soneto de Venus y Palas)," *RFE*, IV (1917), 390-392.

Gómez Pérez, José. *Manuscritos españoles en la Biblioteca Nacional Central de Roma. Catálogo*. Madrid, 1956.

Hurtado de Mendoza, D. Diego. *Obras poéticas de...*, ed. William I. Knapp. Colección de Libros Españoles raros y curiosos, vol. 11. Madrid, 1877.

Jörder, Otto. "Die Formen des Sonetts bei Lope de Vega," *ZRPh*. Beiheft 86. Halle, 1936.

*Justas y Certámenes poéticos en Murcia (1600-1635)*. Ed. Antonio Pérez Gómez and Manuel Muñoz Cortés. 3 vols. Murcia, 1958-1959.

Kenyon, H. A. "Color Symbolism in Early Spanish Ballads," *Romanic Review*, VI (1915), 327-340.

Laynez, Pedro. *Obras de...*, ed. Joaquín de Entrambasaguas. 2 vols. Madrid, 1951.

Leitão de Andrada, Miguel. *Miscellanea do sitio de N. Senhora da Luz* [Lisboa, 1629]. Nova edição correcta. Lisboa, 1867.

Leite de Vasconcellos, J., and Ernesto Pires. *Cancioneiro Portuguez*. Porto, 1880.

Madre de Dios, Jerónimo de la. *Ramillete de divinas flores para el desengaño de la vida humana. Recopiladas con diligencia de los mejores y mas famosos poetas de nuestros tiempos, por P.F.G.C.D.* Amberes, 1629.

Massoli, Marco., and Enzo Norti Gualdani. «Manoscritti di Materia Ispanica di Argomento Letterario nelle Biblioteche di Firenze (Fondo Magliabechiano della Biblioteca Nazionale)," *Lavori Ispanistici*, Serie II. Università degli Studi di Firenze. Firenze, 1970, pp. 313-358.

Medrano, Julián Íñiguez de. *La Silva curiosa*. 2nd ed. Paris, 1608.

Mele, Eugenio., and Adolfo Bonilla y San Martín. "Dos Cancioneros españoles," *RABM*, X (1904), 162-176, 408-417.

Mendes dos Remédios, Joaquim. *História da Literatura Portuguesa*. 6th ed. Coimbra, 1930.

———. *Poesias Inéditas de D. Thomas de Noronha*. Coimbra, 1899.

Menéndez Pidal, Ramón. "Observaciones sobre las poesías de Francisco de Figueroa (con varias composiciones inéditas)," *BRAE*, II (1915), 302-340, 458-496.

Menéndez y Pelayo, Marcelino. *Antología de poetas líricos castellanos*, ed. Enrique Sánchez Reyes. Edición Nacional. 10 vols. Santander, 1944-1945.

Mesa, Cristóbal de. *Valle de Lagrimas y diuersas Rimas de....* Madrid, 1607.

Michaëlis de Vasconcellos, Carolina. "Apokrypha," *Grundriss der Romanischen Philolgie*, II:b (1897), 161-167.

———. *A Saudade Portuguesa*. Porto, 1914.

———. "Der Cancioneiro Juromenha," *ZRPh*, (1884), 430-448, 598-632.

———. "Investigações sobre sonetos e sonetistas portugueses e castelhanos," *RHi*, XXII (1910), 509-614.

———. "Materiaes para um índice espurgatório da lírica Camoniana," *Círculo Camoniano*, I (1889), 30-32.

———. "Notas aos Sonetos Anonymos," *RHi*, VII (1900), 98-118.

———. *O Cancioneiro do Padre Pedro Ribeiro*. Coimbra, 1924.

———. *O Cancioneiro Fernandes Tomás*. Coimbra, 1922.

———. "O Texto das Rimas de Camões e os apocryphos," *RSIP*, II (1882), 105-125.

———. "Parnaso de Luiz de Camões. Porto, 1880," *ZRPh*, V (1881), 393-402.

Millé y Giménez, Juan. "Apuntes para una bibliografía de las obras no dramáticas atribuidas a Lope de Vega," *RHi*, LXXIV (1928), 345-572.

Montemayor, Jorge de. *Segundo Cancionero de....* Anvers, 1558.

———. *Cancionero del excellentissimo poeta....* Zaragoza, 1562.

———. *Cancionero del excelentissimo poeta....* Salamanca, 1571.

———. *Segundo Cancionero de....* Coimbra, 1579.

Montesinos, José F. "Contribución al estudio de la lírica de Lope de Vega," *RFE*, XI (1924), 298-311.

Mousinho de Castelbranco, Vasco. *Discurso sobre a uida e morte de Santa Isabel Rainha de Portugal e outras varias Rimas*. Lisboa, 1597.

Moya del Baño, Francisca. *El tema de Hero y Leandro en la literatura española*. Murcia, 1967.

Munro, Thomas. "Suggestion and Symbolism in the Arts," *Journal of Aesthetics and Art Symbolism*, XV:2 (1956), 152-180.

Neves, Álvaro. Raridade Bibliográfica. Exemplar único (?) da 'IIysturia de Rosian de Castilla, Lisboa, 1586,' de Lisboa, desaparecido, encontrado em Nova-Iorque," *Livros de Portugal*, no. 31 (1944), 5-6.

Nicolai, Alexandre. *Histoire des Moulins a papier du Sud-ouest de la France, 1300-1800*. 2 vols. Bordeaux, 1935.

Nunes, Philippe. *Arte Poetica e da Pintura e Symmetria com principios das Perspectiuas*. Lisboa, 1615.
Padilla, Pedro de. *Tesoro de varias poesías*. Madrid, 1580.
Pérez, Alonso. *Segunda parte de la Diana de Montemayor*. Venice, 1585.
Piccus, Jules. "A note on the use of *albo* in Medieval Spanish Poetry," *General Linguistics*, I (1955), 101-109.
――――. *Expressions for Color in Old Spanish Poetry*. Dissertation Princeton University, 1957.
*Poesias Barias y recreacion de buenos ingenios. A description of MS. 17556 of the Biblioteca Nacional Matritense, with some unpublished portions thereof*. E. John M. Hill. Indiana University Studies. Vol. X, no. 60. Bloomington, Ind. 1923.
――――. *An Edition of MS. 17556 of the National Library in Madrid, together with a Description of MS. 996, "Romances manuscritos," of the Library of the Palacio de Oriente*. Ed. Rita Goldberg. Dissertation Brown University. 1968.
Portugal, Francisco de. *Tempestades y Batallas de un cuidado auzente*. Lisboa, 1682.
Ramírez de Arellano, D. Luis. *Avisos para la muerte, escritos por algunos Ingenios de España. Recogidos y publicados por....* [Madrid, 1634]. 9th ed. Madrid, 1832.
Rengifo, Juan Díez. *Arte Poética*. Salamanca, 1592.
Resende, Andre Falção. [*Poezias de....*], unfinished ed. of Joaquín Ignacio de Freitas. Coimbra [1860?].
Restori, Antonio. "Il Cancionero Classense 263," *Rendiconti della Reale Accademia dei Lincei. Classe di Scienze Morali, Storiche, e Filologiche*, 5.ª serie, XI (1902), 99-132.
Rey de Artieda, Andrés. *Discursos, epistolas, y epigramas de Artemidoro* [Zaragoza, 1605], ed. Antonio Vilanova. Barcelona, 1955.
Ribeiro, João Pedro. *Dissertações cronológicas e críticas sobre a história e jurisprudência eclesiástica e civil em Portugal*. 5 vols. Lisboa, 1810-1836.
Ribeiro dos Santos, Antonio. "Das origens e progressos da poesia portugueza," *Memorias de Litteratura Portugueza*, VIII:2 (1814), 233-251, and *Jornal da Sociedade dos Amigos das letras*, I (1836), 50-52, 73-85, 97-108, 129-140.
Rivers, Elias. "Cervantes' Journey to Parnasus," *MLN*, LXXXV:2 (1970), 243-248.
Rodríguez-Moñino, Antonio. See: Argüello, Martín de.
――――. "Cancionero manuscrito del siglo XVII," *Estudios dedicados a James Homer Herriott*. Madison, 1966, pp. 189-218.
――――. *Catálogo de la biblioteca del Marqués de Jerez de los Caballeros. Reimpreso por primera vez en facsímile, precedido de una biografia del gran bibliófilo por....* Madrid, 1966.
――――. "Cristóbal de Mesa. Estudio bibliográfico (1562-1633)," *Revista de Estudios Extremeños*, VI:3-4 (1950), 395-501.
――――. *Curiosidades bibliográficas*. Madrid, 1946.
――――. "El Cancionero manuscrito de Fabio," *Anuario de Letras* [UNAM], VI-VII (1966-1967), 81-134.
――――. "El Cancionero manuscrito de 1615," *NRFH*, XII (1958), 181-197.
――――. "El Doctor Francisco Garay," *RHM*, XXXI (1965), 373-384.
――――. "El manuscrito 'Diversas curiosidades' de la Biblioteca de Campomanes (1601)," *BRAE*, XXXIV (1954), 354-385.

Rodríguez-Moñino, Antonio. "Francisco de Aldana (1537-1578)," *Castilla*, II:3-4 (1941-1943), 57-137.

———. "Joaquín Romero de Cepeda (Escritor extremeño del siglo XVI)," *Nueva Etapa*, XXVIII (1925), 352-357.

———. "Joaquín Romero de Cepeda, poeta extremeño del siglo dieciséis. Estudio bibliográfico (1577-1590)," *Revista del Centro de Estudios Extremeños* XIV (1940), 167-192.

———. "Poesías ajenas en el *Laurel de Apolo*," *Hispanic Review*, XXXVII (1969), 199-206.

———. *Suplemento al Cancionero general de Hernando del Castillo (Valencia, 1511)*. Madrid, 1959.

———. *Teatro extremeño del siglo XVI. Noticias bio-bibliográficas sobre Diego Sánchez de Badajoz, Micael de Carvajal, Vasco Diaz Tanco, Luis de Miranda, Joaquín Romero de Cepeda y otros*. Badajoz, 1926.

———. "Tres cancioneros manuscritos," *Ábaco*, no. 2 (1969), 127-272, and no. 3 (1970), 87-227.

———, and Maria Brey Mariño. *Catálogo de los manuscritos poéticos castellanos (siglos XV, XVI, y XVII) de The Hispanic Society of America*. 3 vols. New York, 1965-1966.

Rogers, Edith. "El color en la poesía española del Renacimiento y del Barroco," *RFE*, XLVII (1964), 247-261.

*Romancero y cancionero sagrados*, ed. Justo de Sancha. Biblioteca de Autores Españoles, vol. XXXV. Madrid, 1950 reprint.

Rosaldo, Renato. "Flores de baria poesía," *Hispania*, Stanford, XXXIV (1951), 177-180.

———. "Flores de baria poesía," *Ábside*, XV (1951), 373-396, 523-550, and XVI (1952), 91-122.

Rosales, Luis. *La obra poética del Conde de Salinas*. Dissertation Madrid, 1955.

———. "Poesías de D. Diego de Silva y Mendoza," *Escorial*, XVI (1944), 109-121.

San Martín, Gregorio de. *El triumpho mas famoso que hizo Lisboa a la entrada del Rey Don Phelippe Tercero d'Espanha, y Segundo de Portugal*. Lisboa, 1624.

Santa Rosa de Viterbo, Joaquim de. *Elucidario*. Lisboa, 1798.

Sá Sotomaior, Eloi. *Riberas do Mondego* [Lisboa, 1623], ed. Martinho da Fonseca. Coimbra, 1932.

*Segunda parte del Romancero general y flor de diversa poesía. Recopilados por Miguel de Madrigal* [Valladolid, 1605], ed. Joaquín de Entrambasaguas. 2 vols. Madrid, 1948.

Sena, Jorge de. *A Estructura de "Os Lusíadas" e outros estudos camonianos e da poesia peninsular do século XVI*. Lisboa, 1970. [The material quoted also appears in an extracted version in the "Artes e Letras" of the *Diário de Notícias*, Lisbon, July 9, 1970.

———. *Estudos de História e de Cultura*. Fascicle in *Ocidente*, LXXVII (1969), 295-320, of vol. II, 1.ª serie.

———. *Uma canção de Camões*. Lisboa, 1966.

Silvestre, Gregorio. *Las Obras del famoso poeta*.... Granada, 1582.

———. ———. Lisboa, 1592.

———. ———. Granada, 1599.

Simón Díaz, José, and Juana de José Prades. *Ensayo de una bibliografía de las obras y artículos sobre la vida y escritos de Lope de Vega Carpio.* Madrid, 1955.

Sismondi, J. Ch. L. Simonde de. *De la Littérature du Midi de l'Europe.* 4 vols. Paris, 1813.

Skard, Sigmund. "The use of Color in Literature," *Proceedings of the American Philosophical Society,* XC:3 (1946), 163-249.

Soriano Fuertes, Mariano. *Historia de la música española.* 4 vols. Madrid, 1855-1859.

Sousa Viterbo, Francisco Marques de. *Fr. Bartholomeu Ferreira. O primeiro censor dos Lusiadas.* Lisboa, 1891.

Tamariz, Licenciado. *Novelas y cuentos en verso del.... (siglo XVI),* ed. Antonio Rodríguez-Moñino. Duque y Marqués, vol. 8. Valencia, 1956.

Tirso de Molina [Fr. Gabriel Téllez]. *Comedias de...,* ed. Emilio Cotarelo y Morí. NBAE, vol. 19. Madrid, 1907.

Urquiola, Agustín [Adolfo Bonilla y San Martín]. "Sonetos de Francisco de Figueroa, 'el divino'," *RCHA,* I (1915), 169-171.

———. "U.A.: 'A propos de quatre sonnets...'," *RCHA,* III (1917), 185-188.

Vega Carpio, Lope de. *La Arcadia. Prosas y versos de....* Madrid, 1598.

———. *La fianza satisfecha. Attributed to.... A critical Edition with Introduction and Notes by William M. Whitby and Robert R. Anderson.* Cambridge, 1971.

———. *La hermosura de Angélica, con otras diversas rimas.* Madrid, 1602.

———. *Segunda parte del desengaño del hombre sobre la octaua que dize Larga cuenta q̄ dar de tiempo largo: con otra que dize Yo para que naci? con un Romance de Escarraman vuelto a lo divino: compuesta por ... a pedimiento de un caballero tercero de la orden de S. Francisco.* Salamanca, 1613.

———. ———. Madrid, 1615.

———. *Obras de...,* vol. XII. Ed. M. Menéndez Pelayo. B.A.E., vol. 187. Madrid, 1965.

Walker, [William] Gulielmus Sidney. *Corpus Poetarum Latinorum.* London, 1849.

Wilson, Edward M., and Jack Sage. *Poesías líricas en las obras dramáticas de Calderón.* London, 1964.

Ximénez Patón, Bartolomé. *Eloquencia española.* Toledo, 1604.

———. *Mercurius Trimegistus.* Baeza, 1621.

Zarco Cuevas, Julián. "Un cancionero bilingüe manuscrito de la biblioteca de El Escorial," *Religión y Cultura,* XXIV (1933), 406-449.

# INDEX OF FIRST LINES

*Number*

| | |
|---|---:|
| Adormido Rey despierta / Desse sueño q̃ te opprime ... ... ... | 26 |
| Amais a quem uos não quer ... ... ... ... ... ... ... ... | 59 |
| Amor temor E cuydado ... ... ... ... ... ... ... ... ... ... | 30 |
| Arden Tyrse igualmente y Galatea ... ... ... ... ... ... ... | 15 |
| A rede que no mar attento espalha ... ... ... ... ... ... ... | 14 |
| Argos quisiera ser pᵃ miraros ... ... ... ... ... ... ... ... | 44 |
| Ay Dios si yo cegara antes que os uiera ... ... ... ... ... | 63 |
| Bellissima Jsabel cuya hermosura ... ... ... ... ... ... ... | 55 |
| Bem sotisfeita ficades ... ... ... ... ... ... ... ... ... ... | 36 |
| Bibora que me quereis que lhe quereis ... ... ... ... ... ... | 47 |
| Conhecida de todos por fermosa ... ... ... ... ... ... ... | 61 |
| *Cualquiera que en error se ve que ha dado. Vd. Qualquiera. | |
| Damas as que jnuentais por ser galantes ... ... ... ... ... | 5 |
| Damas si por uentura aueis leydo ... ... ... ... ... ... ... | 13 |
| D'Arca do testamento Vai tirando ... ... ... ... ... ... ... | 29 |
| Daruos quiz a natureza ... ... ... ... ... ... ... ... ... | 58 |
| Del hondo ualle del tormento mio ... ... ... ... ... ... ... | 37 |
| De reluzientes armas la hermosa ... ... ... ... ... ... ... | 53 |
| Despertad del graue sueño / fuertes Pastores de Luso ... ... | 27 |
| Diuinos oyos cuyo ser nos muestra ... ... ... ... ... ... | 56 |
| Donde achastes senhora esse ouro fino ... ... ... ... ... ... | 3 |
| El mal consejo siempre se ha tornado ... ... ... ... ... ... | 12 |
| Em abraçar el uicio Comũmente ... ... ... ... ... ... ... | 11 |
| Em calma estar contra tormenta armarme ... ... ... ... ... | 39 |
| *En abrazar el vicio comunmente. Vd. Em abraçar. | |
| *En calma estar contra tormenta armarme. Vd. Em calma. | |
| En la escuela ado Amor es Presidente ... ... ... ... ... ... | 16 |
| Entre as nuues se esconde o pensamento ... ... ... ... ... | 23 |
| Entre doradas flores ... ... ... ... ... ... ... ... ... ... | 52 |
| En una selua al parecer del dia ... ... ... ... ... ... ... | 51 |
| Ero de una alta torre do miraua ... ... ... ... ... ... ... | 54 |
| Es lo blanco castissima pureza ... ... ... ... ... ... ... | 42 |
| Esses olhos S.ʳᵃ onde descansa ... ... ... ... ... ... ... | 4 |

## INDEX OF FIRST LINES

*Number*

| | |
|---|---:|
| Fermosa Chaterina que dominas | 8 |
| Fermosa deshumana crua E forte | 64 |
| Ficade uos Vos embora | 35 |
| Fruito que aues não puderam | 17 |
| | |
| Gloria tão merecida | 50 |
| | |
| *Hero de una alta torre do miraba. Vd. Ero. | |
| Hũa finesa grande hum lance brauo | 1 |
| | |
| Importunos amantes de conuentos | 7 |
| Infierno en uida a mi cuidado -dado | 43 |
| *Ingrato amor que ordena. Vd. Jngrato amor. | |
| Ir y quedar y con quedar partirse | 40 |
| | |
| Jngrato amor que ordena | 60 |
| | |
| Larga cuenta q̃ dar de tiempo largo | 25 |
| | |
| Meu bem não uos apresseis | 32 |
| Mi alma teneysla bos | 31 |
| Mi alma y tu beldad se despozaron | 22 |
| Mucho a la magestad sagrada -agrada | 41 |
| | |
| Não ueio meu bem prezente | 28 |
| Nasci de padre y aguelo sin segundo | 62 |
| | |
| *Onde achastes senhora esse ouro fino. Vd. Donde achastes. | |
| | |
| Passa bolando el bien | 34 |
| *Perdidos bienes males ya passados. Vd. Verdugo es de mi alma. | |
| Porque no os canse una uida | 18 |
| | |
| Qualquiera que en error se ue que ha dado | 9 |
| Quando de uossa uista me apartaua | 65 |
| Quanto por m.$^{tos}$ dias fui colhendo | 38 |
| Que doudo pensamento este q̃ sigo | 66 |
| Que es esto Dios de amor que ya no uales | 24 |
| Que hazes hombre estoime callentando | 45 |
| Quem diz que os perequitos E toucado | 6 |
| Quem podera diser o que tem na alma | 2 |
| *Que sientes Alma mia q̃ me Voy. Vd. Larga cuenta. | |
| Quien yasse aqui quien fue Rey de Castilla | 46 |
| | |
| Segi o mar E deitey | 33 |
| Senhora minha inda q̃ auzente Esteya | 48 |
| Señor no se despacha pertendiente | 19 |
| Si mil uidas tubiera que entergaros | 21 |
| Sobre neuados riscos leuantando | 57 |

|  | Number |
|---|---|
| *Uma fineza grande um lance bravo. Vd. Hũa finesa. | |
| Verdugo es de mi alma la memoria ... ... ... ... ... ... ... ... ... | 49 |
| *Víbora que me quereis, que lhe quereis. Vd. Bibora. | |
| Voto a Dios que me admira esta grandeça ... ... ... ... ... ... ... | 20 |
| Zagal si de tu dama honesta y bella ... ... ... ... ... ... ... ... | 10 |

# INDEX OF AUTHORS

*Author's names preceded by * are identified from other sources, as indicated in the notes.*

| | |
|---|---|
| *Acuña, Hernando de | 51 |
| *Bernardes, Diogo | 66 |
| *Cervantes Saavedra, Miguel de | 20 |
| *Cetina, Gutierre de | 42 |
| *Correia de Lacerda, Fernão | 7 |
| Crasto, Martim de [Martim de Castro do Rio] | 2, 23, 65 |
| Figueroa, Francisco de | 52 |
| Frade da Rainha [Jorge Fernández] | 2 |
| *Frías, Damasio de | 62 |
| Laynes, Pedro | 57 |
| *Mesa, Cristóbal de | 55 |
| Moniz Coelho, Egas | 35, 36 |
| *Montemayor, Jorge de | 45 |
| *Mousinho de Castelbranco, Vasco | 28, 39 |
| *Noronha, Dom Tomás de | 47 |
| *Padilla, Pedro de | 18 |
| *Pinel, Dr. Aires | 22 |
| Sa, Loyo de [Eloi de Sá Sotomaior] | 43 |
| Silva, Valentin da | 44 |
| *Silvestre, Gregorio | 24, 53 |
| *Soares de Albergaria, Manuel | 50 |
| *Tamariz, Licenciado Cristóbal de | 9, 10, 11, 12, 13 |
| *Vega Carpio, Lope de | 25, 40 |